엮기·짜기·감기·휘갑치기·매듭 등 바구니 짜기 기법 159

라탄 공예 패턴 도감

사사키 레이코 지음·김한나 옮김·조인명 감수

시작하며

빵을 담거나 꽃을 꽂거나 책을 넣어도 잘 어울린다는 것이
바구니의 신기한 매력 중 하나입니다.
가볍고 자연스러우며 따뜻함과 부드러움도 느껴집니다.
공간을 가두는 듯하면서도 사실은 엄청난 창조력을 품고 있어요.
때때로 바구니는 마치 우주를 껴안고 있는 듯한 착각마저 들게 합니다.
이번에 주위 여러 사람에게 책을 써보라는 권유를 받기도 했고,
무엇보다 바구니 만들기를 좋아하는 분들을 위해서 이 책을 출판하게 되었습니다.
이 책은 일본에서 옛날부터 전해온 쉽고 일반적인 바구니 짜기 '기법'을 기본으로,
이 분야의 권위자이자 저의 은사인 가토 미사부로加藤巳三郎 선생님이 처음 제시한
'엮기', '짜기', '감기', '매듭', '휘갑치기'를 토대로 분류해서 새롭게 정리했습니다.
바구니를 짜는 소재는 매장에서 쉽게 구할 수 있는 라탄을 중심으로 선택했습니다.
일본에서 옛날부터 사용해온 자연 소재의 바구니는
일상적인 도구로 만들어지기 시작해서 점점 발전해
왕실 보물창고 쇼소인正倉院에 남아 있을 정도로 훌륭한 예술품이 되었습니다.
다도와 꽃꽂이와 함께 발전하는 동안 해외에서 수입된 소재가 섞이기도 하면서
늘 인간의 생활에 관여해가며 변화해왔습니다.
그 긴 시간에비하면 이 책에서 소개한 기법은 매우 적지만
바구니를 짜던 손을 멈추고, 선조들이 남긴 기법을
앞으로 바구니를 만들 때 어떻게 이어나갈지 생각하는 것도
바구니 만들기를 한층 더 즐길 수 있게 해줄 듯싶습니다.

—사사키 레이코

THE COMPLETE JAPANESE BASKET MAKING
CONTENTS

시작하며 ……… 2

바구니를 만드는 소재 ……… 7
필요한 도구 ……… 10
사전 준비 ……… 12

1 '엮기' 기법

막엮기 ……… 16
2줄막엮기, 사선막엮기 ……… 18
2줄 건너뛰어 막엮기, 나선엮기 ……… 19
회오리엮기, 당나라엮기 ……… 20
이랑엮기, 따라엮기 ……… 22
2줄꼬아엮기, 2줄 화살깃무늬엮기 ……… 23
3줄꼬아엮기, 3줄 화살깃무늬엮기 ……… 24
4줄꼬아엮기, 4줄 화살깃무늬엮기 ……… 26
파도무늬엮기, 갑옷무늬엮기 ……… 27
솔잎무늬엮기, X자엮기 ……… 28
한쪽으로 비스듬한 나뭇결무늬엮기 ……… 29
물결줄무늬엮기 ……… 30
되돌려엮기A, 되돌려엮기B ……… 32
격자무늬엮기, X자격자무늬엮기,
비단무늬엮기 ……… 34
3줄울타리엮기, 쌍울타리엮기 ……… 35

6줄로 3줄땋기 ……… 38
물결엮기, 잔물결엮기 ……… 39
뚜렷한 줄무늬엮기 ……… 40
마름모무늬엮기, 돌담무늬엮기 ……… 42
사방엮기, 사방메워엮기 ……… 43
바둑판무늬엮기 ……… 44
이리저리엮기 ……… 45
무지엮기 ……… 46

2 '어살엮기' 기법

어살을 엮기 위한 조록나무가지 감기 ……… 52
한쪽으로 비스듬한 어살엮기 ……… 53
삼잎무늬 어살엮기 ……… 56
번개무늬 어살엮기 ……… 57
물떼새무늬 어살엮기 ……… 60
가로마름모무늬 어살엮기 ……… 62
세로마름모무늬 어살엮기 ……… 63
사각무늬 어살엮기 ……… 64
배색작은사각무늬 어살엮기 ……… 66
연속작은사각무늬 어살엮기 ……… 67
겹사각무늬 어살엮기 ……… 68
변형작은사각무늬 어살엮기 ……… 69

CONTENTS

뒷면사각무늬 어살엮기 ……… 70
문고 어살엮기A ……… 72
문고 어살엮기B ……… 73
비늘무늬 어살엮기 ……… 74
짜임변형 어살엮기 ……… 75
이리저리 어살엮기 ……… 76
만자 솟을무늬 어살엮기 ……… 80
조리개모양 어살엮기 ……… 82
물결무늬 어살엮기 ……… 84
계단무늬 어살엮기 ……… 85
퍼지는 어살엮기 ……… 86
한쪽사각무늬 어살엮기 ……… 88
배색교차칸무늬 어살엮기 ……… 92
원형 어살엮기 ……… 93
꽃무늬 어살엮기 ……… 94

반쯤 핀 벚꽃무늬엮기 ……… 105
소국무늬엮기 ……… 106
모란꽃무늬엮기 ……… 108
도드라진 국화무늬엮기 ……… 110
패랭이꽃무늬엮기 ……… 111
국화무늬엮기 ……… 112
비늘잎무늬엮기 ……… 113
변형비늘잎무늬엮기 ……… 114
귀갑꽃무늬엮기 ……… 116

3 '꽃무늬엮기' 기법

육방엮기 ……… 98
층층이꽃무늬엮기 ……… 100
삼잎무늬엮기 ……… 102
도라지꽃무늬엮기 ……… 103
꽃봉오리무늬엮기 ……… 104

4 '짜기' 기법

아와지 짜기, 세로아와지 짜기 ……… 122
가로아와지 짜기, 연속아와지 짜기 ……… 123
환심을 납작하게 해서 3줄짜기,
환심을 납작하게 해서 4줄짜기 ……… 124
환심을 납작하게 해서 5줄짜기 ……… 125
4줄 원형 짜기 ……… 126
고동 짜기 ……… 127
테 짜기 ……… 128
교차고리 짜기, 연속교차고리 짜기 ……… 130
비틀어 짜기 ……… 131
비늘 짜기 ……… 132

구슬 짜기 ········ 134
나비 짜기 ········ 136
덩굴을 걸친 무늬 짜기,
교차사방 짜기 ········ 137

5 '감기' 기법

얼룩줄무늬 감기, 줄 넣어 감기 1단 ········ 142
심 감기, 마름모 감기 1단, 화살깃무늬 부분 감기,
애벌레 감기 1단 ········ 143
부등호무늬 감기, 나비 감기, 칸무늬 감기,
바둑판무늬 감기 ········ 144
조록나무가지 감기A, 조록나무가지 감기B,
뚜렷한 비늘 감기, 꽃사슴털무늬 감기 ········ 145
뚜렷한 마름모 감기A, 뚜렷한 마름모 감기B,
한쪽으로 비스듬한 사선교차줄무늬 감기,
X자 감기 ········ 146
물떼새무늬 감기 ········ 147
한쪽으로 비스듬한 나뭇결무늬 감기 ········ 148
X무늬 감기 ········ 149
화살깃무늬 감기 ········ 150
연속비늘 감기, 세 비늘 감기 ········ 151
의자의 T자 마무르기,
의자의 8자로 감아 마무르기 ········ 152

6 '매듭' 기법

접친매듭 ········ 156
옭매듭, 종달새머리매듭,
한매듭, 정자매듭 ········ 157
삼각형매듭, 숫코매듭, 다슬기매듭,
거북매듭 ········ 158
작은사각무늬매듭 ········ 159
구슬매듭 ········ 160
호랑나비매듭, 이슬매듭 ········ 161
칠보매듭 ········ 162
화만매듭, 잠자리매듭 ········ 163
석가매듭 ········ 164
꽃매듭 ········ 165

CONTENTS

7 '휘갑치기' 기법

사선교차줄무늬 휘갑치기,
걸친애벌레 휘갑치기 ········ 170

뱀뱃살무늬 휘갑치기 ········ 171

본체에 화살깃무늬 휘갑치기,
본체에 X자로 교차해 휘갑치기 ········ 172

본체에 변칙X자로 교차해 휘갑치기,
본체에 한쪽으로 비스듬히 휘갑치기 ········ 173

8 '바닥짜기' 기법

십자바닥 ········ 176

우물정바닥 ········ 177

쌀미바닥 ········ 178

막엮기 사각바닥 ········ 180

막엮기 타원바닥 ········ 182

이랑엮기 타원바닥 ········ 184

가운데를 가른 타원바닥 ········ 186

아치바닥 ········ 188

기타 바닥짜기 ········ 189

Column

골동품 담배쌈지의 정체 ········ 48

일본 조몬시대의 어살엮기 복원도 ········ 71

세계의 바구니 ········ 78

덴마크의 라탄 의자 이야기
'더 체어' ········ 91

세계에서 가장 가벼운 의자
'수페르레게라' ········ 95

기본 테크닉 ········ 190

용어 해설 ········ 198

작품을 만드는 방법 ········ 199

찾아보기 ········ 222

바구니를 만드는 소재

이 책에서는 주로 라탄을 사용했지만 바구니를 짜는 재료로 사용할 수 있는 식물의 종류는 다양합니다.

❶ 머루나무 껍질 / 특징 있는 적갈색 덩굴. 머루나무 껍질로 짠 바구니는 일본 도호쿠 지방의 격조 높은 공예품 중 하나.
❷ 머루나무 덩굴 / 감기와 엮기나 바구니 프레임에 사용한다. 물에 2~3일 담가놓은 후에 엮는다.
❸ 대나무 뿌리 / 바구니 만들기에 쓰이는 것은 왕죽, 조릿대, 섬대, 아구세(왜형죽) 등이 있다.
❹ 키버들 가지 / 12월~2월 무렵에 꽃집에서도 볼 수 있다.
❺ 붉은 말채 / 겨울에는 가지가 아름다운 붉은색으로 변한다. 유연성이 있다.
❻ 자작나무 작은 가지 / 가는 부분은 감기나 프레임용으로 사용한다. 굵은 부분은 껍질을 벗겨서 사용한다.
❼ 호두나무 / 나무껍질이 두껍고 유연성이 있으며 강도도 높다. 오래 쓸수록 윤기가 나서 더욱 깊이 있어 보인다.
❽ 소나무 / 오랫동안 녹색을 유지하며 향기도 좋다.
❾ 편백나무 / 얇게 자른 것을 여러 가지 폭으로 판매한다. 얇은 나무는 갈라지기 쉽다.

❶ 라탄 평심 / 라탄(등藤)은 야자나뭇과의 식물이다. 국내에서는 동남아시아 원산의 라탄을 구할 수 있다. 평심은 얇고 띠 모양을 띤다. 두께와 폭이 다양하다. 라탄은 바구니를 짜는 소재 중에서 비교적 저렴하며 손질하기 쉽다.

❷ 라탄 환심 / 라탄의 섬유 부분을 둥근 심 모양으로 뽑아낸 것. 심의 지름 길이가 다양하다.

❸ 댕댕이덩굴 / 부드러워서 바구니를 짜기 쉽다. 녹색을 띤 갈색이 매력적이다.

❹ 피등 / 라탄의 껍질 부분을 사용한 것으로 피등, 표피, 평심 등의 종류가 있다.

❺ 등덩굴 / 등나무의 덩굴로, 바구니 소재로는 딱딱한 편이다. 표면에 회색이 도는 껍질눈이 있는 것이 특징이다.

❻ 칡 인피(청울치) / 인피란 겉껍질 안쪽에 있는 부드러운 속껍질을 말한다. 칡은 덩굴 상태로 사용하기도 한다.

❼ 홍등 / 약간 적갈색이 도는 라탄으로 윤기가 있고 내구성이 뛰어나다.

❽ 으름덩굴 / 옛날부터 각지에서 바구니를 짤 때 사용해온 일본의 대표적인 덩굴. 눈 속에서 겨울을 난 덩굴은 색과 윤기가 좋다. 하룻밤에서 이틀 정도 물에 담가놓은 후에 사용한다. 흙 속을 긴다고 해서 러너라고 불리는 덩굴은 가늘고 탄력이 있어서 다루기 편하다.

❾ 등 인피 / 등나무 덩굴의 겉껍질 안쪽에 있는 부드러운 속껍질.

피등의 굵기와 색

위에서부터 1.5mm, 2mm, 2.5mm, 3mm, 3.5mm, 5mm.

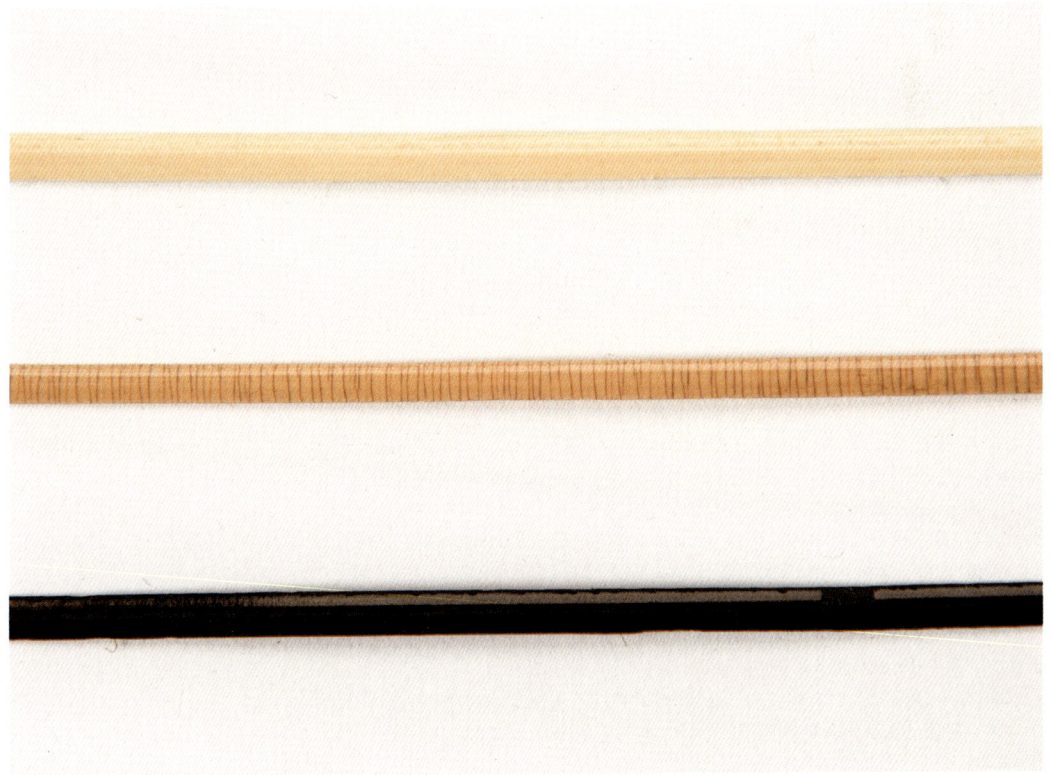

위에서부터 흰색, 내추럴, 갈색으로 염색한 것.

필요한 도구

바구니를 짤 때 구비할 도구입니다.

❶ 자 / 직각자를 사용해야 직선을 정확하게 그을 수 있어서 편리하다.
❷ 와이어 / 원예용 와이어로, 바구니를 짜는 동안 덩굴을 임시로 고정할 때 등에 사용한다.
❸ 분무기 / 말린 풀이나 덩굴을 물로 적실 때 사용한다.
❹ 빨래집게 / 바구니를 짜는 동안 덩굴을 임시로 고정할 때 등에 사용한다.
❺ 접착제 / 덧날대를 꽂을 때 끝에 접착제를 발라서 고정하면 잘 빠지지 않는다.
❻ 라피아 / 튼튼해서 감기 소재로 쓰거나 끈으로 만들어 손잡이로도 사용한다.
❼ 플로럴 테이프, 방수 테이프 / 신축성이 있어서 사용하기 편하다. 겹쳐 이은 부분을 감아서 고정하기도 한다.
❽ 줄자 / 눈금이 잘 보이는 것을 선택한다.
❾ 가위 / 풀이나 덩굴 등의 재료를 자를 때 사용한다. 잘 잘리는 만능가위나 전지가위를 추천한다.
❿ 펜치 / 가는 풀이나 덩굴 등을 잡아당겨 올릴 때 등에 사용한다.
⓫ 룰렛 / 재단 용품으로, 초크페이퍼로 껍질에 표시할 때 사용한다.
⓬ 송곳 / 라탄심의 간격을 가지런히 맞출 때 있으면 편리하다.
⓭ 등칼 / 호두나무나 으름덩굴의 껍질 등을 얇게 깎아낼 때 사용한다.
⓮ 칼 / 덩굴을 비스듬히 잘라 겹쳐 이을 때 등에 사용한다.

⑮ 목재 가방 틀 / 가방을 만들 때 모양을 잡기 위해 사용한다.
⑯⑰ 나무틀 / 어살엮기나 꽃무늬엮기의 평면을 만들 때 이 틀 안에서 엮는다.
⑱⑲ 여러 가지 원통 / 껍질이나 가지를 늘릴 때 감아서 사용한다. 깡통이나 랩 심지 등을 이용한다.
⑳ 연결 튜브 / 와이어 끝부분을 양끝에서 이 속에 넣어 연결한다.
㉑ 와이어 / 공예용으로 바닥이나 바구니의 모양에 곡선을 만들 때 사용한다.
㉒ 골판지상자 / ⑮와 마찬가지로 가방을 만들 때 모양을 잡기 위해 사용한다. 손쉽게 만들 수 있다.

사전 준비

바구니를 짜기 전에 해놓아야 할 일을 소개합니다.

소재를 직접 채집한 경우에는 바람이 잘 통하고 비를 맞지 않는 곳에 매달아서 말린다.

덩굴은 반드시 물에 담가서 부드럽게 한 뒤에 사용한다. 담그는 시간은 덩굴의 종류와 굵기에 따라 다르다. 으름덩굴이나 머루나무 등은 1~3일, 등나무나 버드나무같이 딱딱한 종류는 3~5일을 기준으로 삼는다.

나무껍질을 펴는 방법과 얇게 깎는 방법

껍질을 엮을 수 있는 상태로 만들기까지의 방법과 펴기, 얇게 깎기에 대해 호두나무 껍질을 사용해서 설명합니다.

1 마른 상태의 호두나무 줄기 껍질.

2 물에 하루 정도 담가 줄기 속에 있는 먼지나 벌레 등을 제거한다. 물에서 꺼내면 부드러워져서 쉽게 다룰 수 있다.

3 2의 안쪽을 겉쪽으로 보이게 펴 놓고, 만들고 싶은 심의 폭으로 자르기 위해 자와 룰렛을 사용해 표시한다.

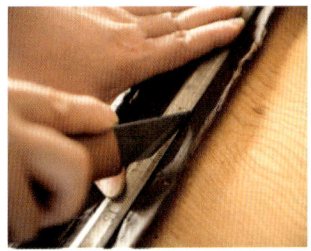

4 표시한 부분을 칼로 자른다. 이때 테이블에 흠집이 나지 않게 커팅 매트나 두꺼운 종이 등을 밑에 까는 것을 잊지 말자.

5 가늘게 자른 것을 사진처럼 강철 아령에 걸고 양손으로 번갈아 잡아당겨가며 편다. 강철 아령이 없을 때는 와인병 등에 감아 굴려가며 편다.

6 쫙 편 것은 원래 상태로 돌아가지 않게 캔 등에 단단히 감는다.

7 끝부분은 와이어로 고정한다.

8 마지막으로 다시 한번 굴려서 둥글게 모양을 잡는다. 이 상태로 일주일 정도 둔다.

9 엮을 때는 다시 물에 한 시간 정도 담가서 부드럽게 만든 후에 사용한다.

얇게 깎는 경우

껍질이 두꺼우면 과정 5 다음에 등칼을 사용해 얇게 깎는다. 껍질 안쪽의 섬유 부분에 등칼을 대고 앞쪽으로 끌어당긴다.

Column
바구니를 엮을 때는 물을 뿌려가며 엮는다

물에 충분히 담근 후에 바구니를 엮어도 시간이 지남에 따라 건조해진다. 말라서 엮기 어려워지면 물을 뿌려가며 엮자.

1
'엮기' 기법

'엮기'는 바구니 짜기의 기본

엮기는 바구니를 짤 때 반드시 필요한 기법입니다. 크게 분류하면 다음과 같이 생각할 수 있습니다.

❶ 막엮기
❷ 어살엮기
❸ 꽃무늬엮기
❹ 사방엮기
❺ 사각무늬엮기
❻ 바구니짜임엮기
❼ 무늬엮기

이 책에서 패턴이 많은 ❷ 어살엮기 ❸ 꽃무늬엮기는 따로 분류해서 소개합니다.

- 위의 엮기 방법은 바구니를 엮는 소재와 굵기, 배색에 따라 무늬에 큰 차이가 있습니다.
- 바구니짜임엮기는 육방엮기가 기본이 됩니다(P. 98 참조).
- 무늬엮기는 라탄심을 건너뛰는 방법이나 배색, 날대의 수가 홀수인지 짝수인지에 따라 무늬에 특징이 나타납니다.

엮기

01 막엮기

가장 기본이 되는 방법입니다. 사릿대 1줄로 날대의 위아래를 번갈아 엮어나갑니다. 날대 개수를 홀수로 해서 2단은 1단과 반대가 되며 윗부분은 아래, 아랫부분은 위로 엮입니다. 지역에 따라 '소쿠리엮기', '돗자리엮기', '다다미엮기' 등으로 불리기도 합니다.

소재 : 라탄 환심 2.5mm (내추럴)

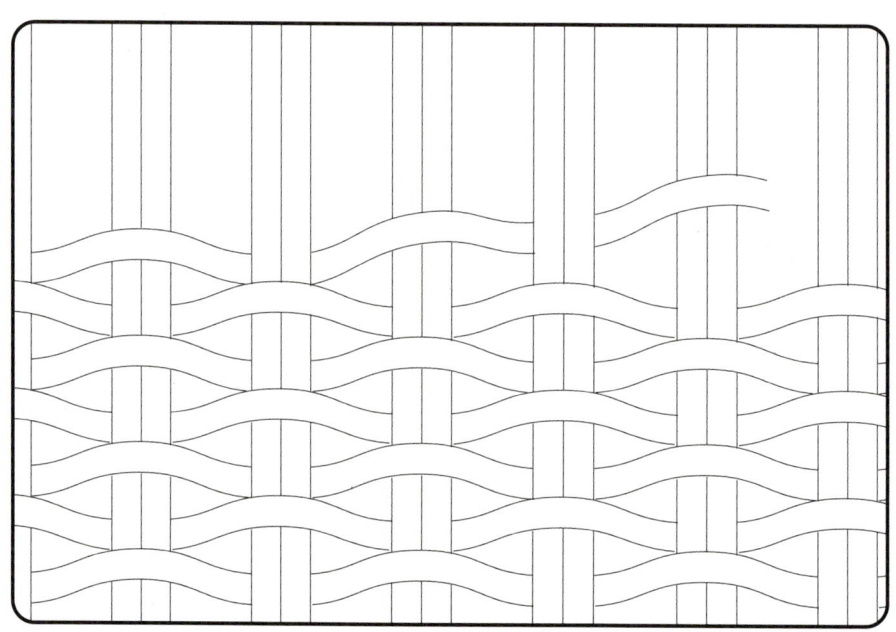

1 엮기 기법 / 막엮기

막엮기로 만든 빵 바구니
만드는 방법 ➡ P. 199

환심으로 타원 모양의 틀을 만들고 사릿대 색을 바꿔서 두 가지 배색으로 막엮기한 빵 바구니입니다.

엮기

02 2줄막엮기

날대 2줄을 합치고 사릿대도 2줄로 엮습니다.
사릿대가 굵고 강할 때 사용합니다.
날대 2줄을 합치고 사릿대 1줄로 엮는 경우도 있습니다.

소재 : 라탄 환심 2mm (내추럴, 갈색)

엮기

03 사선막엮기

사릿대를 날대 1줄마다 넣어서 비스듬히 엮는 기법입니다.
사선을 만드는 사릿대는 2~3줄로 하면 선이 뚜렷하게 나타납니다.

소재 : 라탄 환심 2mm (내추럴)

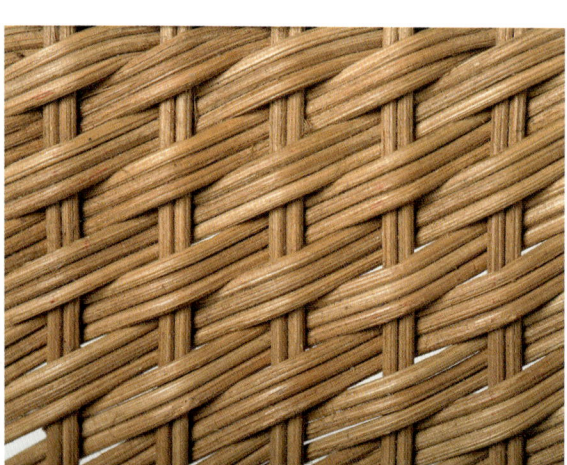 

엮기

04 2줄 건너뛰어 막엮기

날대 개수를 홀수로 해서 2줄을 건너뛰어 엮으면 무늬에 흐름이 나타납니다.
이것이 원이 되면 회오리엮기(P. 20)가 됩니다.

소재 : 라탄 환심 2.5mm (갈색)

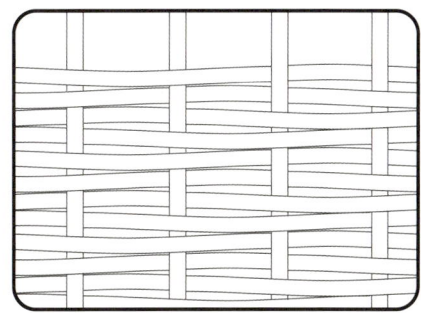

엮기

05 나선엮기

'단차가 있는 무늬엮기'라고도 합니다. 날대를 4~5줄로 나눠서 표시한 후 그 부분만 바구니짜임 3단(사진의 경우)이 같은 곳으로 나오도록 1단마다 건너뛰는 방법입니다. 1단, 3단은 막엮기, 2단은 표시한 부분 앞쪽에서 아래 2줄을 건너뛰어 같은 곳에 겹치고 날대의 안쪽 2줄을 건너뛰어 심이 겹치지 않게 엮어나갑니다.

소재 : 라탄 환심 2.5mm (내추럴)

엮기

06 회오리엮기

날대의 개수를 홀수로 하고 사릿대는 날대 위를 2줄씩 건너뛰어 바구니짜임을 어긋나게 합니다.
둥글게 엮으면 '회오리'처럼 보입니다. 둥근 바구니의 시작 부분에 사용하는 경우가 많습니다.

소재 : 라탄 환심 2.5mm (갈색)

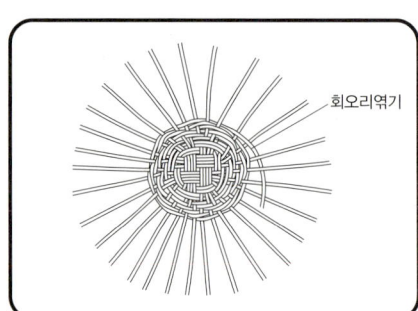

회오리엮기

엮기

07 당나라엮기

무로마치시대(14~16세기)에 명나라와 무역을 시작한 무렵, 일본으로 귀화한 스님이 의복과 경전류를 넣어서 들고 왔다고 하는 튼튼한 바구니의 엮는 방법입니다.
일본에 최초로 전해진 기법이라고 합니다. 날대는 반드시 짝수인 따라엮기(P. 22)가 됩니다.

소재 : 라탄 환심 2.5mm (내추럴), 피등 3mm (내추럴)

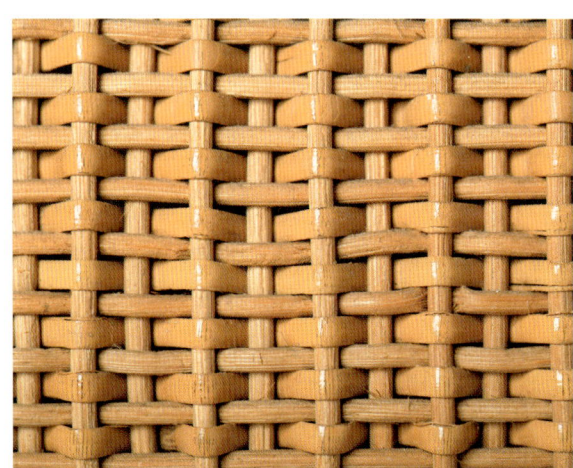

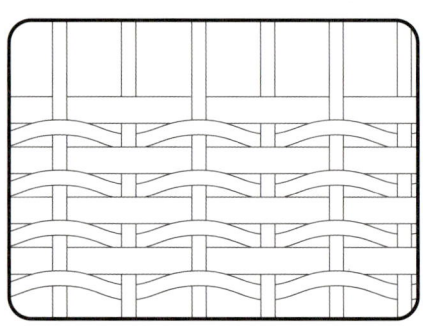

1 엮기 기법 / 회오리엮기

회오리엮기로 만든 메밀국수 채반
만드는 방법 ➡ P. 200

채반을 엮기 시작하는 부분(중심)을 십자바닥으로 짜고 그 둘레를 회오리엮기합니다.

엮기

08 이랑엮기

밭의 '이랑'처럼 보여서 이런 이름이 붙었습니다.
가로심은 3줄 또는 그 이상으로 늘려서 폭을 넓힙니다.
장바구니나 무거운 물건을 넣는 바구니의 바닥에 자주 쓰입니다.

소재 : 라탄 환심 2.5㎜ (내추럴), 2㎜ (갈색)

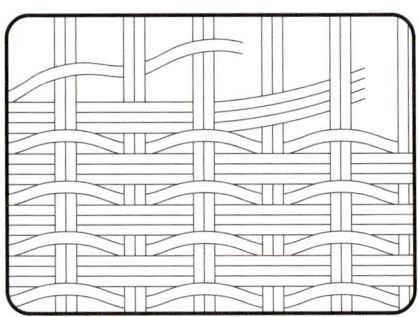

엮기

09 따라엮기

날대가 짝수인 경우에는 겹치지 않게 사릿대 2줄로 앞의 심을 따라가듯이 엮습니다. 날대는 2~3줄을 합쳐서 사용하기도 합니다(일러스트는 2줄을 합쳤습니다).

소재 : 라탄 환심 2㎜ (내추럴)

엮기

10 2줄꼬아엮기

'비틀어엮기'라고도 합니다. 날대를 사이에 두고 사릿대 2줄이 교차합니다.
날대의 간격을 고정하기 위해 사용하거나 수직으로 세우기와 끝부분에도 사용합니다.
무늬엮기로도 사용합니다.

소재 : 라탄 환심 2mm (내추럴)

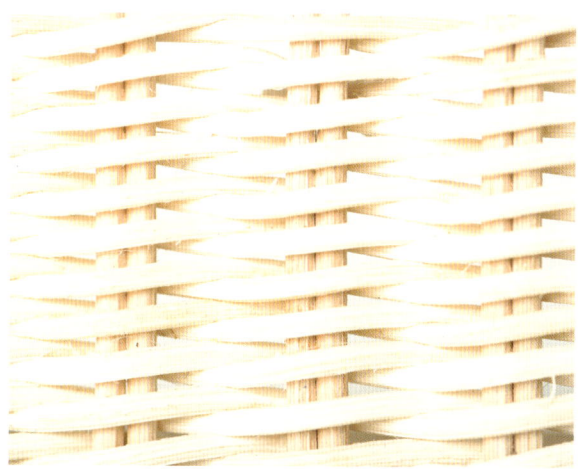

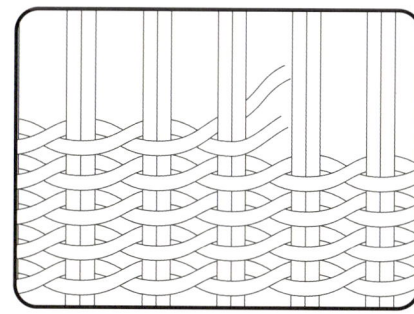

엮기

11 2줄 화살깃무늬엮기

1단은 2줄꼬아엮기하고 2단은 사릿대 1줄을 아래로 꼬아가며 엮으면 화살깃무늬가 생깁니다.
2단으로 무늬 하나가 완성됩니다.

소재 : 라탄 환심 2mm (내추럴, 갈색)

엮기

12 3줄꼬아엮기

사릿대 3줄이 교차해서 새끼줄 무늬를 만듭니다. 2줄꼬아엮기보다 굵고 튼튼하기 때문에 바구니의 수직으로 세우는 부분이나 끝부분에 자주 사용합니다. 또한 날대를 숨기기 때문에 엮는 방법을 변화시킬 때 구분하는 역할도 합니다.

소재 : 라탄 환심 2mm (내추럴)

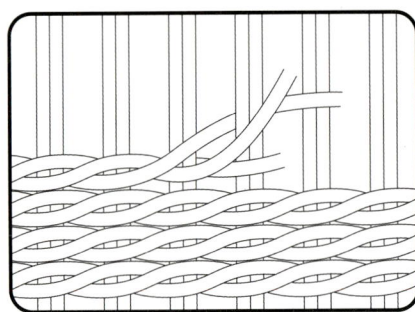

엮기

13 3줄 화살깃무늬엮기

1단이 3줄꼬아엮기, 2단이 반대되는 엮기로 무늬를 만듭니다. 무늬는 강력하고 뚜렷하므로 막엮기에 넣으면 두드러집니다. 2단으로 무늬 하나가 완성됩니다.

소재 : 라탄 환심 2mm (갈색)

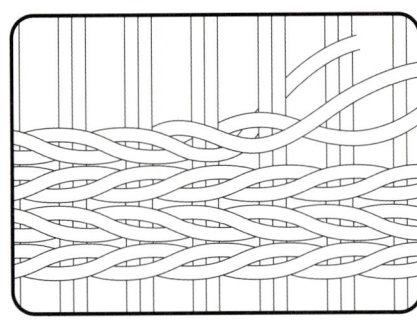

3줄꼬아엮기로 만든 연필꽂이
만드는 방법 ➡ P. 201

본체의 둘레를 3줄꼬아엮기해서 만든 연필꽂이입니다.

엮기

14 4줄꼬아엮기

4줄로 꼬아엮는 방법입니다. 바구니의 테두리에 자주 사용합니다.
날대를 건너뛰는 방법이 2줄꼬아엮기, 3줄꼬아엮기와 다르며 2줄을 건너뛰어 2줄 아래에서 떠올립니다.

소재 : 라탄 환심 2mm (내추럴)

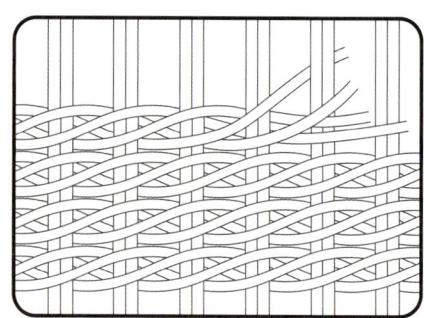

엮기

15 4줄 화살깃무늬엮기

2단은 1단과 반대로 엮어서 새끼줄 무늬를 만듭니다.
안쪽에서 보든 겉쪽에서 보든 날대가 보이지 않습니다.

소재 : 라탄 환심 2mm (갈색)

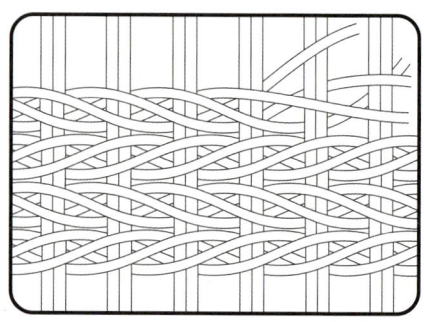

엮기

16 파도무늬엮기

파도를 연상하게 하는 무늬입니다. 일본에서는 옛날부터 기모노와 오비 등에 쓰였습니다.
이 기법은 대나무를 소재로 하는 일본 전통 죽공예에서 자주 사용되며 날대의 폭과 날대가 홀수인지 짝수인지에 따라 무늬가 달라집니다.
사진은 날대의 개수가 홀수입니다. 3줄 1쌍의 사릿대를 이용해 3줄꼬아엮기 요령으로 엮습니다.

소재 : 라탄 환심 2mm (내추럴), 1.75mm (내추럴, 파란색)

엮기

17 갑옷무늬엮기

날대의 개수를 짝수로 해서 엮습니다.
2줄 또는 3줄 1쌍인 사릿대를 이용해 3줄꼬아엮기 요령으로 엮습니다.
'안쪽 파도무늬'라고도 합니다.

소재 : 라탄 환심 2mm (갈색, 보라색)

엮기

18 솔잎무늬엮기

솔잎처럼 촘촘한 무늬입니다.
날대는 2줄 또는 3줄로 만들고 사릿대는 1줄을 꼬아서 파도무늬엮기(P. 27)와 같은 방법으로 엮습니다.

소재 : 라탄 환심 2.5㎜ (내추럴), 2㎜ (갈색)

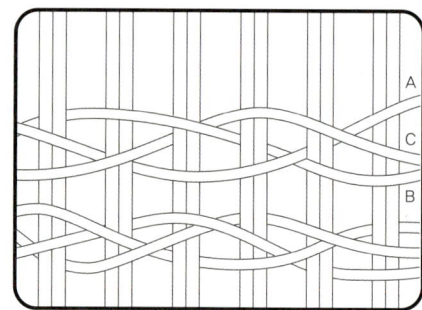

엮기

19 X자엮기

'걸어엮기'라고도 합니다. 사진은 날대의 개수가 짝수입니다.
1단마다 서로 다른 위치에 사릿대를 X자로 엮습니다.

소재 : 라탄 환심 2㎜ (내추럴, 갈색), 1.5㎜ (내추럴)

엮기

20 한쪽으로 비스듬한 나뭇결무늬엮기

평면으로 엮을 경우에는 사릿대를 1단마다 자릅니다. 반면 자르지 않고 이어서 엮어나가는 소재인 원형재를 엮을 때는 날대의 개수를 홀수로 해서 '2줄 건너뛰어 2줄 떠올리기'로 엮습니다. 무늬의 흐름을 나타낼 때는 '3줄 건너뛰어 2줄 떠올리기'로 엮습니다. 그 흐름의 길이에 따라 '나뭇결흐름', '줄무늬흐름', '화살깃흐름'으로 나뉩니다. '나뭇결흐름'은 '3줄 건너뛰어 2줄 떠올리기', '3줄 건너뛰어 3줄 떠올리기'로 한정됩니다. 일러스트는 날대가 1줄인 경우입니다.

소재 : 라탄 환심 2.5mm (내추럴), 피등 3.5mm (갈색)

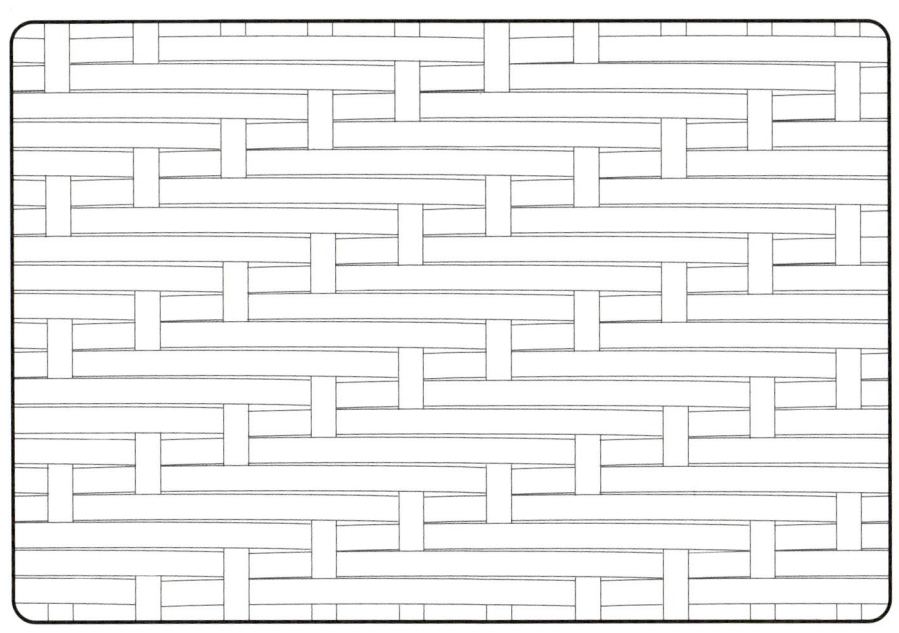

엮기

21 물결줄무늬엮기

날대의 개수는 짝수로 해서 옆칸의 날대와 합쳐 엮습니다.
비교적 최근에 생긴 기법이며 교차하기 때문에 튼튼합니다.
몇 단 정도 엮어가다 보면 무늬 하나가 완성되며, 그다음에는 떠올리는 날대의 위치를 바꿔서 이 과정을 반복합니다.

소재 : 라탄 환심 2mm (내추럴)

물결줄무늬엮기로 만든 가방
만드는 방법 ➡ P. 202

전환되는 선에서부터 위쪽이 물결줄무늬엮기로 만들어졌습니다.

엮기

22 되돌려엮기A

산 모양으로 곡선을 나타내고 싶을 때 사용하는 기법입니다.
중심에서 좌우로 되돌리면 둥근 곡선이 완성됩니다.

소재 : 라탄 환심 2mm, 1.75mm (내추럴)

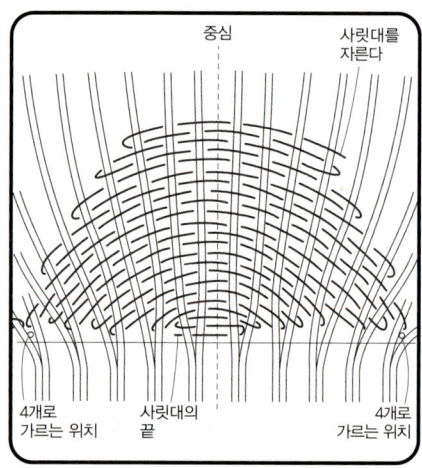

엮기

23 되돌려엮기B

막엮기 상태로 곡선을 만드는 기법입니다.
좌우에서 중심으로 되돌리면 흐름은 달라지지 않고 직선인 채로 윤곽에 곡선이 나타납니다.

소재 : 라탄 환심 2mm (내추럴), 1.75mm (내추럴, 하늘색)

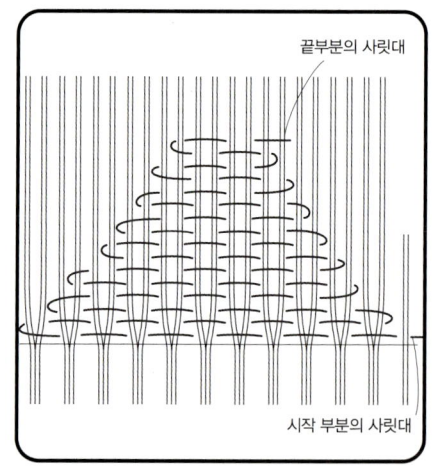

되돌려엮기로 만든 와인 거치대
(참고 작품)

바닥에서 수직으로 세운 부분은 되돌려꼬아엮기, 그다음은 3줄꼬아엮기, 따라엮기 순서로 만들었습니다.

엮기
24 격자무늬엮기

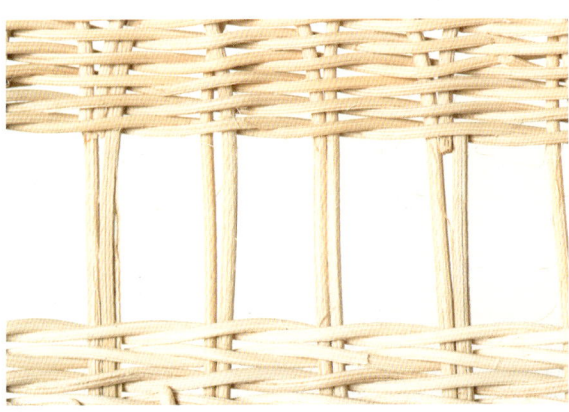

공간이 크게 벌어져서 날대가 굵고 튼튼한 의자 같은 인테리어 용품 등에 사용합니다.

소재 : 라탄 환심 2mm (내추럴)

엮기
25 X자격자무늬엮기

위아래 공간을 띄우고 2줄 1쌍인 날대 중 1줄을 옆 날대 1쌍 중 인접한 1줄과 널찍하게 교차해 2줄꼬아엮기로 함께 엮어나가는 기법입니다. 칸막이 등에 사용합니다.

소재 : 라탄 환심 2mm (내추럴)

엮기
26 비단무늬엮기

컵홀더로 쓰거나 찻잔을 덮어놓는 바구니 등에 사용하면 산뜻한 일본식 정취를 느낄 수 있습니다.

소재 : 라탄 환심 2mm (내추럴)

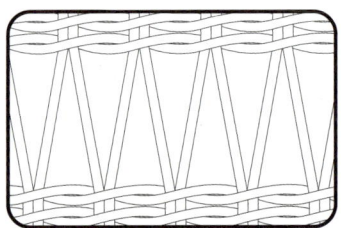

엮기

27 3줄울타리엮기

2줄의 날대를 나누며 날대의 오른쪽과 3번째 날대를 교차시켜서 2줄꼬아엮기로 엮는 기법입니다.

소재 : 라탄 환심 2mm (내추럴)

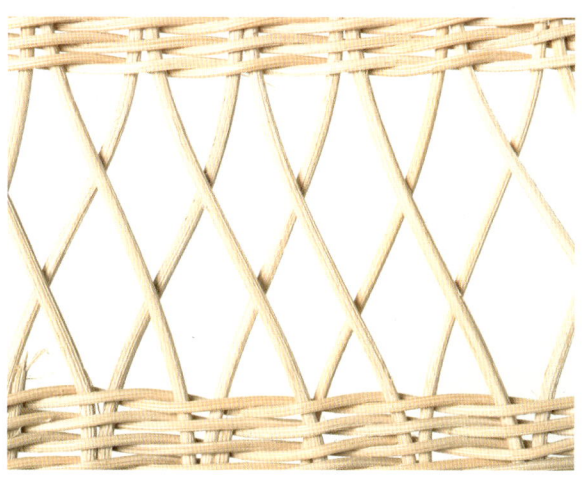

엮기

28 쌍울타리엮기

함께 엮는 날대 사이가 넓으므로 사릿대로 엮는 무늬가 넓을 때 사용합니다.
무늬는 2단으로 만들어져서 크기가 작은 작품에는 잘 사용하지 않습니다.

소재 : 라탄 환심 2mm (내추럴)

'볼록하게엮기' 기법을 사용한 유모차. 이 라탄으로 만든 유모차는 일본 나고야 지방에서 오래전부터 전해져온 작품입니다.

유모차
(참고 작품)

엮기

29 6줄로 3줄땋기

사릿대 6줄로 3줄을 땋는 기법입니다.
매우 얇은 바구니의 테두리에 높이를 주기도 하고 장식으로 사용하기도 합니다.

소재 : 라탄 환심 3mm (내추럴)

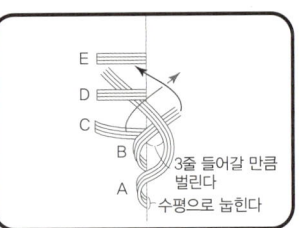

1 B를 수평으로 눕혀서 A로 엮습니다.

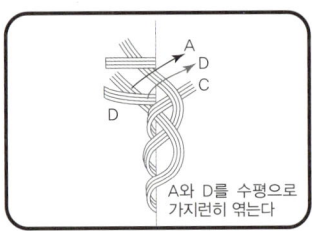

2 C를 눕히고 A와 D를 수평으로 가지런히 엮습니다.

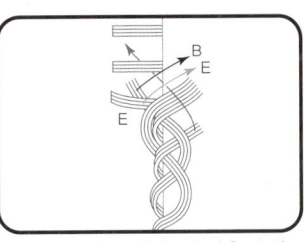

3 C를 위로 해서 1과 같은 요령으로 엮습니다.

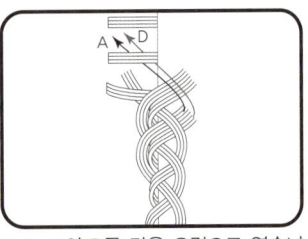

4 A와 D를 같은 요령으로 엮습니다.

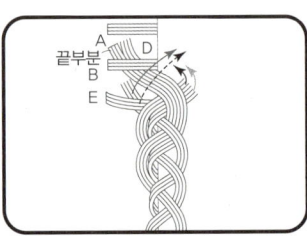

5 B와 E를 함께 수평으로 눕힙니다.

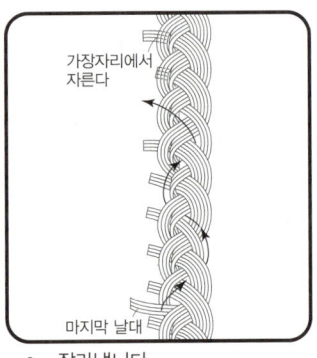

6 가장자리에서 자른다. 마지막 날대 잘라냅니다.

엮기

30 물결엮기

물결이 넘실거리는 모습을 표현한 기법입니다. 가로로 놓는 사릿대는 폭이 넓을수록 모양이 재미있어집니다.
12mm 정도의 반심을 한가운데에 놓고 주위를 환심으로 하는 방법을 예로 들 수 있습니다.

소재 : 라탄 환심 2mm (내추럴, 파란색), 1.75mm (내추럴)

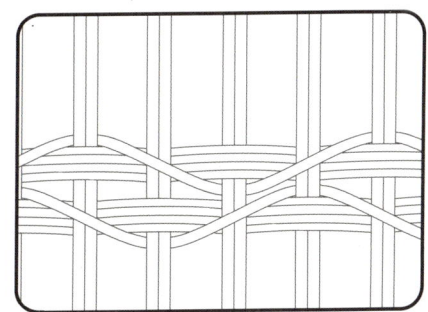

엮기

31 잔물결엮기

날대의 개수는 짝수입니다.
사릿대 1줄로 3줄꼬아엮기를 할 때는 시작 부분의 사릿대가 뒤의 2줄 사이에 들어갑니다.

소재 : 라탄 환심 1.5mm (내추럴, 갈색)

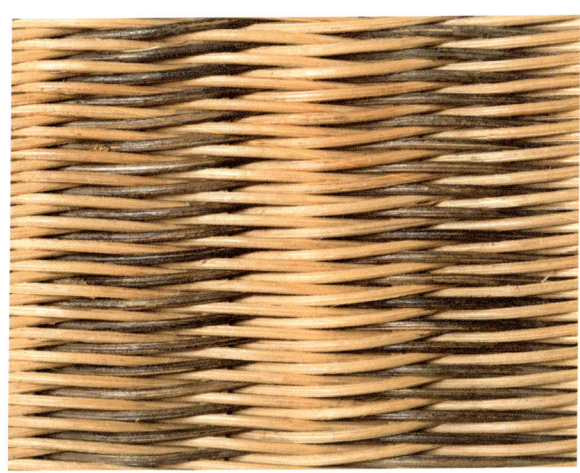

32 뚜렷한 줄무늬엮기

최근에는 동남아시아의 바구니에서 흔히 볼 수 있는 기법입니다. 튼튼하고 견고합니다.
냄비받침, 트레이, 가방 등에 폭넓게 활용할 수 있고 고양이집을 만들 때 사용하기도 합니다.
감아엮기의 일종입니다.

소재 : 라탄 환심 3mm (내추럴), 피등 2mm (갈색)

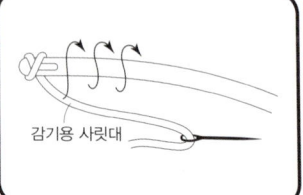

1 사릿대에 감기용 사릿대를 겁니다.

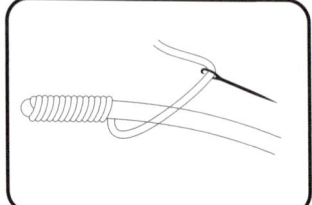

2 원형으로 만드는 길이를 빈틈없이 감습니다.

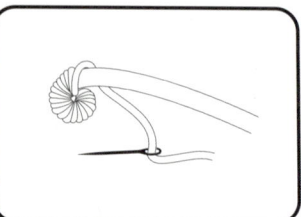

3 끝을 원형으로 만듭니다.

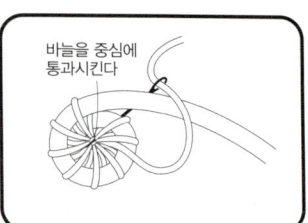

4 바깥쪽에 감기용 사릿대를 한 바퀴 더 겹친 후 중심에 바늘을 여러 번 통과시켜서 폭이 넓은 원형을 만듭니다.

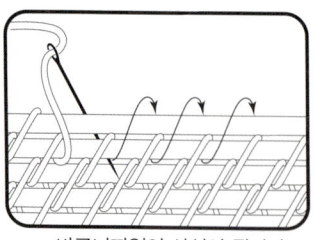

5 바구니짜임이 사선이 됩니다.

뚜렷한 줄무늬엮기로 만든 포셰트
(참고 작품)

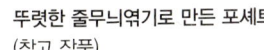

정성껏 만든 수공예 포셰트. 1단마다 무늬를 반대로 했습니다.

엮기

33 마름모무늬엮기

마름모무늬를 연출하는 기법입니다. 마름모를 만들려면 날대 1줄에 대해 겉쪽의 바구니짜임을 연속으로 드러내야 합니다. 이 경우에는 5단으로 무늬 하나가 완성되며 1, 3, 5단은 일반적으로 엮지만 2, 4단은 좌우의 날대 2줄씩 안쪽을 지나갑니다. 밑에서부터 엮기 시작합니다.

소재 : 라탄 환심 2mm (내추럴, 와인색)

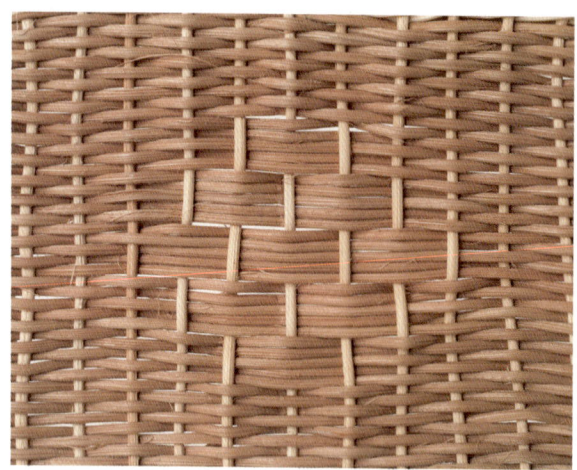 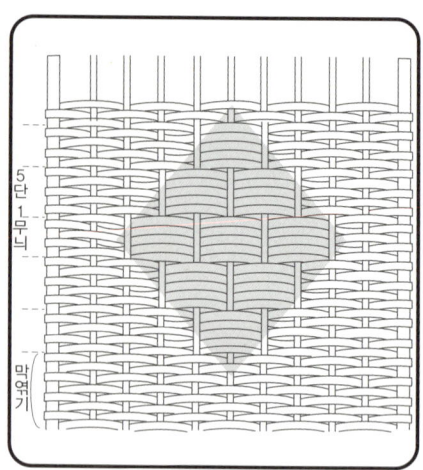

엮기

34 돌담무늬엮기

돌담처럼 견고하고 규칙적으로 엮는 기법입니다. 날대의 개수는 짝수로 해서 엮습니다.
사릿대는 폭이 넓은 것(이 경우 환심 6줄로 폭을 만든다)을 중심에 놓고 위아래에서 다시 사릿대 1줄이 에워싸고 있습니다. 가로의 바구니짜임은 1단마다 3줄씩 나눠서 바구니짜임에 공간이 생깁니다.

소재 : 라탄 환심 2mm (내추럴, 갈색)

엮기

35 사방엮기

'바둑판무늬엮기'라고도 불리며 바구니짜임은 1㎝ 전후입니다. 바구니짜임이 촘촘해서 튼튼합니다.
의자의 등받이나 시트 등 인테리어 용품에도 많이 사용됩니다.

소재 : 피등 3㎜ (내추럴, 갈색)

엮기

36 사방메워엮기

사방엮기의 일종.
네모칸 안에 염색한 사릿대를 사선으로 넣은 기법입니다.
이것만으로 모양의 변화를 느낄 수 있는 아름다운 디자인이 됩니다.

소재 : 피등 3㎜ (내추럴, 갈색)

37 바둑판무늬엮기

비교적 폭이 넓은 소재로 색의 대비를 줘서 엮으면 효과적인 무늬입니다.
모던하고 클래식하기도 해서 인기가 많은 기법입니다.

소재 : 호두나무 껍질(겉과 안) 1.5cm

바둑판무늬엮기로 만든 펜던트
만드는 방법 ➡ P. 204, 205

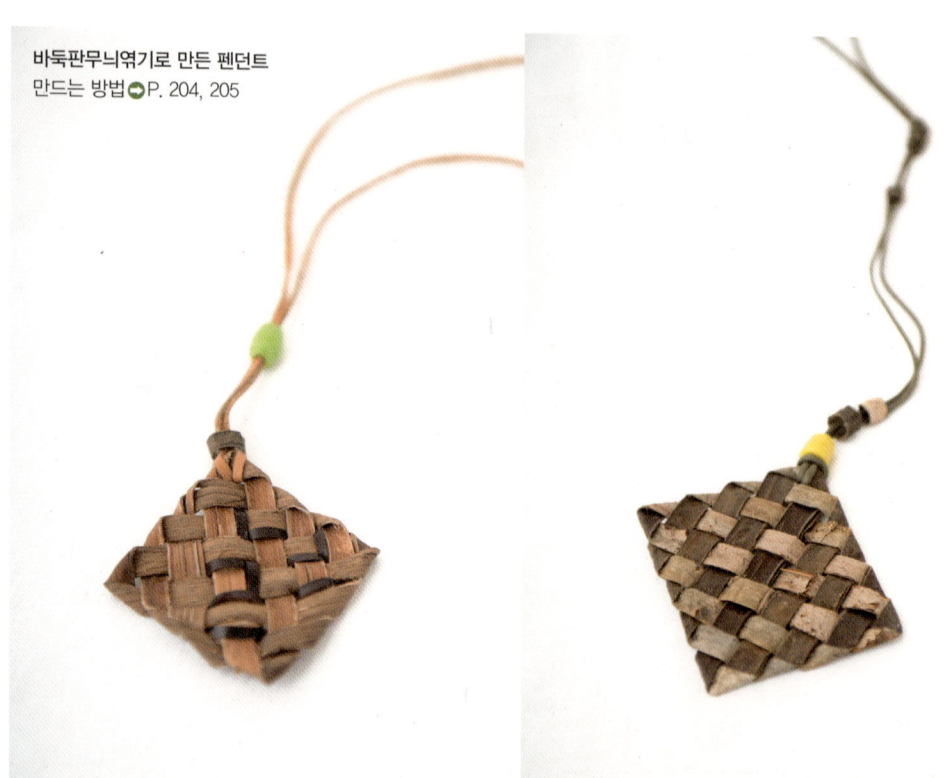

머루나무(사진 왼쪽)와 호두나무(사진 오른쪽)의 껍질을 사용해 엮어 만든 액세서리.

여기

38 이리저리엮기

사릿대를 여러 방향으로 얽히게 해서 바구니짜임을 빽빽하게 해가며 모양을 만드는 기법입니다.
두께를 주고 싶을 때는 여러 개를 만들어서 겹칩니다.

소재 : 라탄 환심 2mm (내추럴, 갈색)

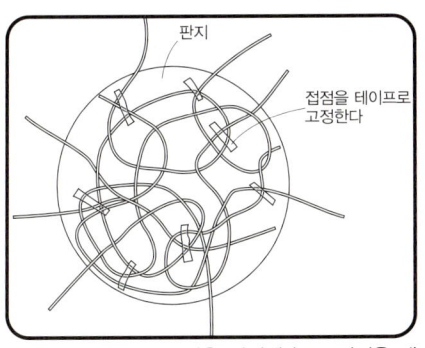

1 판지 위에 라탄심을 얽히게 놓고 접점을 테이프로 고정합니다.

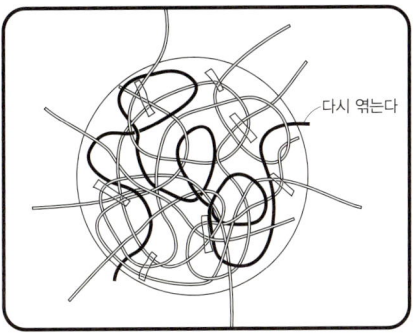

2 틈새를 왔다갔다하며 메워갑니다.

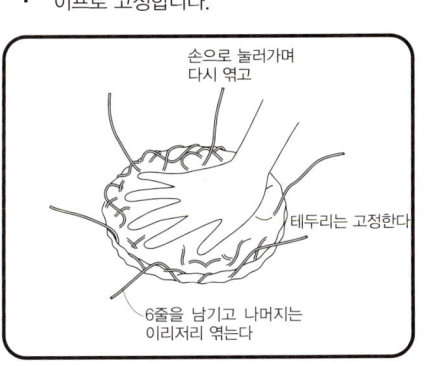

3 중심을 손으로 눌러가며 다시 엮습니다.

엮기

39 무지엮기

무지無地엮기는 '수수엮기'라고도 합니다. 피등 2줄을 교차시켜서 엮어나갑니다.
단순한 바구니짜임과 부드러운 감촉이 사용하는 사람과 엮는 사람 모두에게 인기 있는 기법입니다.
옛날부터 물수건 그릇 등으로도 쓰였습니다.

소재 : 라탄 환심 2mm (녹색), 피등 3mm (녹색)

무지엮기로 만든 가방
만드는 방법 ➡ P. 206

교차점의 테두리 모양은 전부 정사각형으로 가지런해지는 것이 이상적입니다. 용도에 따라 환심의 굵기를 결정하세요.

47

Column

골동품 담배쌈지의 정체

20년쯤 전, 12월에 가까운 초겨울의 찬바람이 부는 날이었다. 나는 그날 친구와 교토의 골동품거리에 있는 작은 상점에 들어갔다. 설날에 사용할 작은 그릇을 사고 상점 안을 둘러보는데 안쪽에서 뭔가 나에게 자꾸 신호를 보내는 것이 있었다. 그것은 15㎝ 남짓한 크기의 작은 오동나무 상자였다.

"여기 뭐가 들어 있나요?"라고 물어보자 기품 있는 백발의 상점 주인은 대나무로 엮은 담배쌈지를 꺼냈다. 얇게 옻칠한 붉은빛이 희미하게 빛났다. 보면 볼수록 만듦새가 훌륭하고, 볼록한 모양이 사랑스러웠다. 곧바로 마음에 들었지만 내가 결코 살 수 있는 금액이 아니었다. 여러 번 포기하려고 했지만 어떻게든 갖고 싶어서 구매하고 말았다.

집에 돌아온 후 그 담배쌈지를 가만히 봤더니 작가가 서명한 겉쪽은 '와카타케모미지若竹椛 담배쌈지', 안쪽에는 '즉위 기념御大典祈念 쇼와 무진 기쿠사카리菊盛り, 우에다 쇼코사이上田尚高斎'라고 기재되어 있었다. 이런 바구니를 짤 수 있다니 분명히 대단한 장인일 것이라고 생각해서 여러모로 조사해봤지만 아무런 단서도 찾을 수 없었다.

그런데 얼마 전 '만든 사람이 누구든 내가 마음에 들면 됐다'라는 생각에 담배쌈지의 기원 찾기를 반쯤 포기했을 때 평소처럼 상자를 꺼내서 바라보다 '쇼코사이尚高斎'가 아니라 '쇼운사이尚雲斎'일 수도 있겠다는 생각이 떠올라서 인터넷으로 검색해봤다. 그러자 우에다 쇼운사이라고 하는 인물이 있었고, 그의 작품이 오이타현의 대나무예술관에 있다는 사실도 알 수 있었다.

예술관 학예원의 말에 따르면 형상만 봐도 내 담배쌈지는 우에다 쇼운사이의 작품이라고 했다. 하지만 상세한 자료가 별로 없다며, 쇼운사이가 사사한 1대 다나베 지쿠운사이田辺竹雲斎[다나베 지쿠운사이는 일본 오사카부 사카이시를 중심으로 하는 4대째 죽공예 장인 가문이다. 성이 다나베이고 지쿠운사이는 예술가로서 쓰는 이름이다.-옮긴이]의 4대가 오사카에서 활약하고 있다고 소개해줬다.

4대인 다나베 쇼치쿠田辺小竹 씨는 질문에 흔쾌히 답해줬다. 이 담배쌈지는 우에다 쇼운사이가 만든 것이 분명하다고 했다.

우에다 쇼운사이. 본명은 우에다 히코사부로上田彦三郎. 1897년 5월 4일 오사카 사카이시 스미노에구에서 태어났으며 촌립 스미노에 보통학교를 졸업한 후 1대 다나베 지쿠운사이에게 사사했다. 1932년 5월 제3회 이즈미일보 미술전시회 '화롱' 출품을 비롯해 이후 여러 미술공예전에서 수상했다. 1994년에 91세의 나이로 운명했다고 한다.

이 담배쌈지의 기원이 판명된 지 2주 후 도쿄에서 다나베 쇼치쿠의 전시회가 열렸다. 나는 담배쌈지를 들고 찾아갔다. 그곳에는 1대 다나베 지쿠운사이가 주특기로 삼았다고 하는 담배쌈지를 4대가 처음으로 손수 복각한 작품이 있었다.

뭔가 서로를 끌어당기는 것이 있었다고 생각할 수밖에 없었다. 기원을 알고 나서 고작 2주도 지나지 않아 경험한 일이었다.

이 담배쌈지는 잘게 썬 담뱃잎을 담는 용도였을 것이다. 작가 서명 부분의 겉쪽에 적어놓은 '와카타케모미지 담배쌈지'에서 '모미지椛'는 '단풍나무'를 말한다. 안쪽에 적어놓은 '무진'은 1928년에 해당한다. 작품의 옻칠한 붉은색은 난풍나무를 표현한 깃일지 모른다. 내가 해석하기에 겉쪽은 '새 대나무로 엮은 단풍나무색 담배쌈지', 안쪽은 '1928년 국화꽃이 한창 핀 무렵 우에다 쇼운사이'가 된다. 1928년은 왕이 즉위한 해였다. 그 일을 축하하며 기념으로 제작한 것이 아닐까?

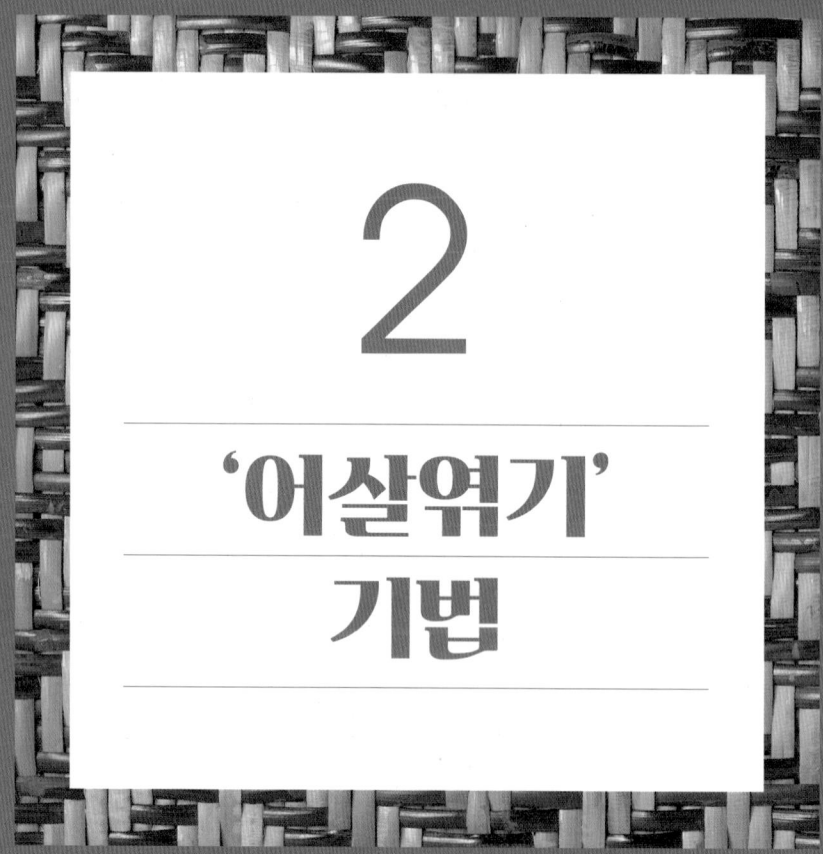

2
'어살엮기' 기법

바구니짜임에 빈틈이 없고 튼튼하며 강력하다

어살網代이라는 명칭은 옛날 강여울에서 물고기를 잡기 위해 대나무나 나무를 빈틈없이 짜서 울타리를 만들고 그물을 대신해 세워 물고기를 잡던 방식에서 유래했다고 합니다. 지금으로부터 5,000년 전의 것으로 추정되는 산나이마루야마三內丸山 유적에서 출토된, '조몬[일본의 신석기시대 중 기원전 15세기~기원전 3세기를 조몬시대라고 한다.-옮긴이] 포셰트'라고 불리는 작은 용기는 2줄 건너뛰기, 3줄 건너뛰기 기법이 보이며 흐름무늬로 이루어져 있습니다. 이것도 어살무늬의 하나라고 할 수 있습니다.

또한 이 시대에는 토기 바닥에서 어살무늬를 볼 수 있습니다. 이는 토기를 구울 때 회전시키기 위해 깐 풀이나 나무로 짠 작은 접시에 다양한 어살무늬를 넣은 흔적입니다. 전부 지금과 다르지 않은 훌륭한 모던 디자인입니다.

어살엮기의 매력은 그 기원이 오래된 점과 소재에 있는 것일지 모릅니다.

특징
바구니짜임에 빈틈이 없어서 튼튼하고 강력합니다. 엮는 방법이나 배색에 따라 리듬감이 느껴지는 무늬를 엮을 수 있습니다. 다실의 천장이나 건축의 일부에 쓰이기도 합니다.

소재
원래는 얇게 벗겨내거나 깎아내 폭과 두께가 균일한 것을 씁니다. 대나무, 호두나무, 머루나무, 피등, 개다래나무, 고로쇠나무, 버드나무 등.

엮는 방법
날대를 빈틈없이 나란히 놓고 1단씩 엮습니다. 기본은 3줄 건너뛰기입니다. 일반적으로 1단마다 가로심을 자르는데 원형재는 날대의 개수가 홀수인지 짝수인지에 따라 무늬의 흐름이 변화합니다('원형재의 경우' 참조). 엮을 때는 소재를 물에 잘 적셔야 합니다. 아무리 애써도 틈이 벌어질 때는 날대와 가로심을 건너뛰는 방법이나 소재의 두께 등을 다시 한번 검토해보세요.

어살엮기의 종류와 엮는 방법의 변화
❶ 2줄 건너뛰기, 3줄 건너뛰기, 4줄 건너뛰기, 한쪽으로 비스듬한 어살(흐름무늬)
❷ 사각무늬 어살, 칸무늬 확대, 연속사각무늬 어살 등
❸ 문고 어살 …… 사각무늬 어살의 응용
❹ 퍼지는 어살 …… 사각무늬 어살의 응용
❺ 조리개모양 어살 …… 엮는 소재의 폭 차이와 엮는 순서에 따른 변화
❻ 원형 어살 …… 둥글게 보이는 어살
❼ 교차사각무늬 어살 …… 중심을 엮는 방법의 차이에 따른 기법

이러한 방법은 소재에 다른 색을 추가하거나 소재의 굵기를 바꿔서 다양한 무늬를 만들어낼 수 있습니다.

원형재의 경우
원형재의 날대 개수가 홀수인 경우 한쪽으로 비스듬한 나뭇결무늬엮기로 변화합니다.

- 2줄 위, 1줄 아래의 경우 …… 원형재의 날대 총 개수를 3으로 나눠서 1이 남을 때는 왼쪽 위로 흐르고 2가 남을 때는 오른쪽 위로 흐른다.
- 2줄 위, 2줄 아래의 경우 …… 원형재의 날대 총 개수를 4로 나눠서 1이 남을 때는 왼쪽 위로 흐르고, 4가 남을 때는 오른쪽 위로 흐른다.
- 3줄 위, 2줄 아래의 경우 …… 원형재의 날대 총 개수를 5로 나눠서 1이 남을 때는 왼쪽 위로 흐르고, 4가 남을 때는 오른쪽 위로 흐른다.
- 3줄 위, 3줄 아래의 경우 …… 원형재의 날대 총 개수를 6으로 나눠서 1이 남을 때는 왼쪽 위로 흐르고, 5가 남을 때는 오른쪽으로 흐른다.

이러한 원칙은 작품을 시계방향으로 엮는 것에 따르며, 반시계방향으로 원형재를 엮어 만들어지는 무늬 변화를 줄 수 있습니다(문고 어살엮기A).

시작하기 전에

어살을 엮기 위한 조록나무가지 감기

어살엮기를 할 때는 네모난 나무틀에 조록나무가지를 가로 위아래로 걸친 것을 사용해 엮는 방법을 추천합니다. 특히 넓은 면을 엮을 때 튼튼하고 예쁜 면을 만듭니다.

1 조록나무가지에 꽂아 넣은 라탄을 못으로 고정하고 반대 방향에 걸친 후 조록나무가지 위에서 감습니다.

2 아래쪽에서 빼냅니다.

3 빼낸 라탄을 비틀어서 겉쪽을 드러냅니다.

4 겉쪽을 드러내서 반대 방향으로 걸칩니다.

5 안쪽에서 본 모습.

6 이런 식으로 날대를 편 뒤 심을 떠올리는 도구를 사용해 가로심을 통과시켜서 무늬를 만듭니다.

어살엮기

01　한쪽으로 비스듬한 어살엮기

엮은 무늬가 한쪽으로 비스듬히 흘러가는 기법입니다.
옆에서 넣는 가로심으로 무늬를 엮습니다.
어살엮기는 1단마다 가로심을 자릅니다.

소재 : 피등 3.5㎜ (내추럴)

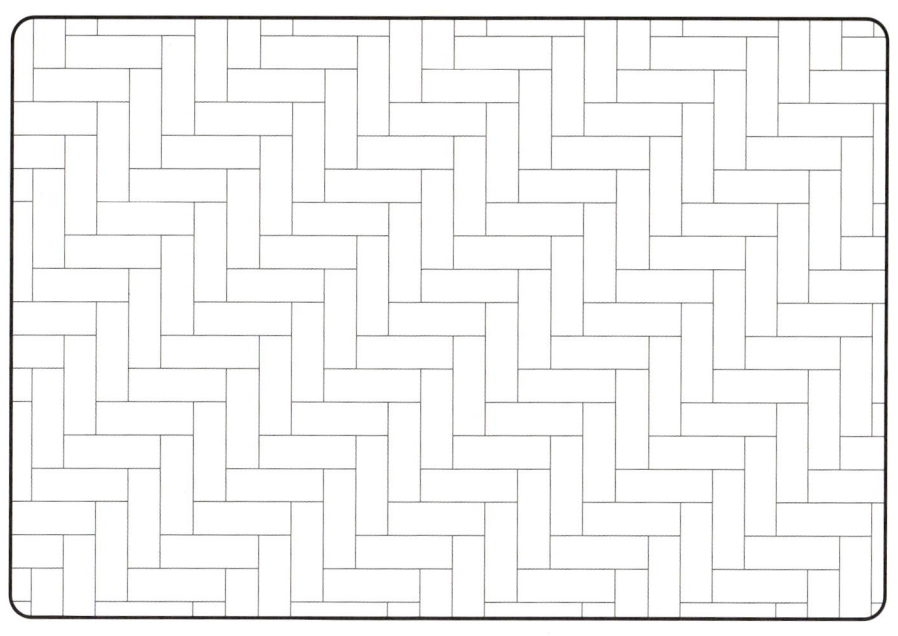

2 어살엮기 기법 / 한쪽으로 비스듬한 어살엮기

한쪽으로 비스듬한 어살엮기로 만든 장바구니
만드는 방법 ➡ P. 210

매우 가벼워서 사용하기 편한 바구니입니다. 손잡이는 튼튼하게 달아주세요.

물결줄무늬엮기로 만든 가방
(참고 작품)

2 어살엮기 기법

환심의 부드러움과 소박함이 느껴지는 바구니.

어살엮기

02 삼잎무늬 어살엮기

삼나무가 날카롭게 죽 늘어선 무늬입니다.
날대는 끝부분에서 뾰족해 보이도록 가늘게 만듭니다.
두꺼운 부분은 2줄 또는 3줄을 합쳐서 표현합니다.

소재 : 피등 3mm (갈색), 2mm (내추럴)

어살엮기

03 번개무늬 어살엮기

삼잎무늬 어살엮기를 가로로 한 무늬입니다.
여러 줄의 직선이 지그재그로 나타나는 기하학무늬가 번개 모양을 떠오르게 해서 모던한 멋이 느껴집니다.
일러스트는 날대를 굵게 표현했습니다.

소재 : 피등 3mm (내추럴, 흰색)

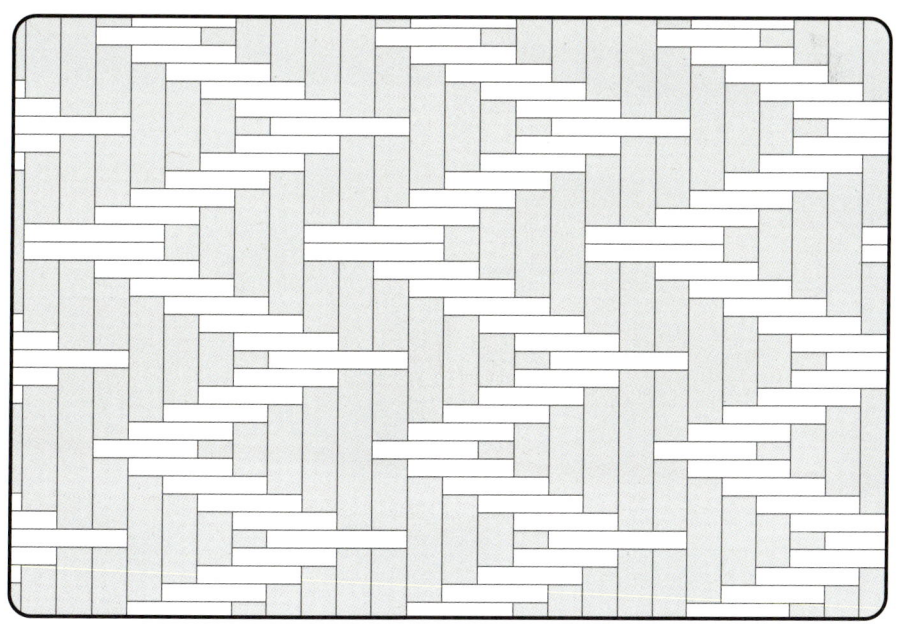

**번개무늬 어살엮기로 만든
테이블 매트**
만드는 방법 ➡ P. 212

안쪽에는 화지를 붙이고 둘레는
로프를 풀로 붙였습니다.

삼잎무늬 어살엮기로 만든 포셰트
(참고 작품)

삼잎무늬 어살엮기를 곁들인 포셰트입니다. 스토퍼와 어깨끈 부분에는 가죽을 사용했습니다.

어살엮기

04 물떼새무늬 어살엮기

물떼새가 줄을 지어 날아가는 듯한 역V자형으로 엮는 방법입니다.
중심에서 좌우대칭으로 엮어나갑니다.

소재: 피등 3.5㎜ (내추럴, 갈색)

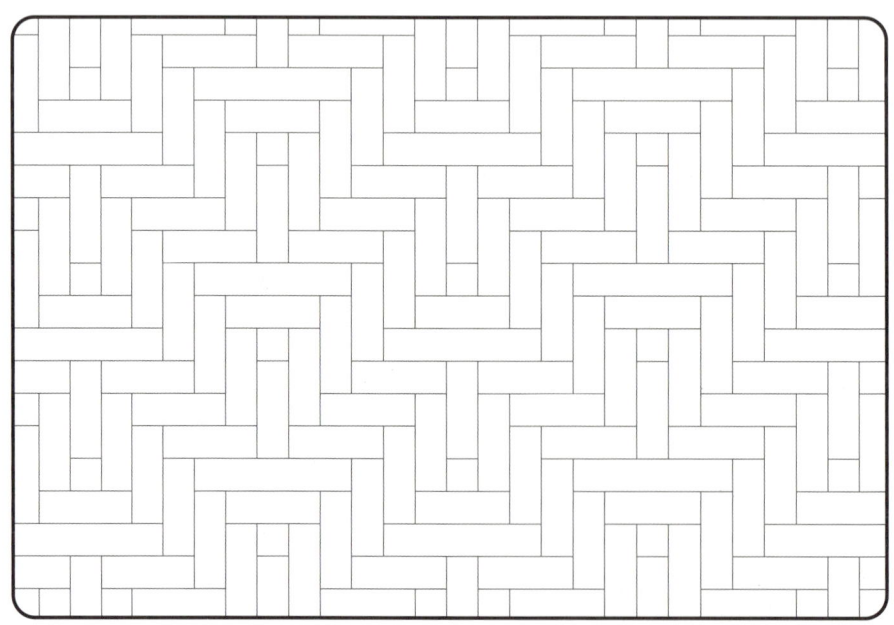

2 어살엮기 기법 / 물떼새무늬 어살엮기

문고 어살엮기와 물떼새무늬
어살엮기로 만든 서류가방
(참고 작품)

양쪽 옆면에 해당하는 부분이 물떼새무늬 어살엮기이며 앞, 뒷면은 문고 어살엮기입니다.

어살엮기

05 가로마름모무늬 어살엮기

'마름모무늬 어살엮기'는 평행선 두 쌍이 마주 보는 모양의 마름모가 기본 무늬입니다.
일본 조몬시대의 토기에 문양으로 새겼을 정도로 오래된 무늬입니다.
'가로마름모무늬 어살엮기'는 마름모가 가로 방향으로 이어진 무늬입니다. 중심의 1칸에서 양쪽에 대칭으로 엮습니다.
1단을 엮을 때마다 중심에서 5줄, 3줄, 1줄을 건너뛰어 7단에서 마름모를 형성합니다.

소재 : 피등 3.5㎜ (내추럴, 갈색)

어살엮기

06 세로마름모무늬 어살엮기

가로마름모무늬 어살엮기를 세로 방향으로 엮은 기법입니다.

소재: 피등 2.5mm (갈색), 3mm (내추럴)

어살엮기

07 사각무늬 어살엮기

일반적으로는 작품의 중심에 사각무늬 중심을 정한 후에 엮기 시작합니다.
배색에 따른 변화와 가로심의 폭 차이와 엮는 순서에 따른 변화로 다양한 무늬를 만들어냅니다.

소재 : 피등 5mm (내추럴), 3.5mm (갈색)

2 어살엮기 기법 / 사각무늬 어살엮기

사각무늬 어살엮기로
만든 신발
(참고 작품)

와이어를 이용해 신발의 모양을 잡았습니다. 한 짝뿐인 모습에서 어떤 사연이 있는 것처럼 느껴지지 않나요?

어살엮기

08 배색작은사각무늬 어살엮기

작은 사각무늬를 연결한 무늬입니다. 중심의 무늬를 엮는 짜임은 1칸입니다.
바구니를 만들 때 전체 무늬로 사용하면 어지럽게 보이기도 하므로 배색에 주의해야 합니다.

소재 : 피등 3mm (내추럴, 갈색)

어살엮기

09 연속작은사각무늬 어살엮기

똑같은 패턴의 반복이지만 밝은 내추럴 색상의 선이 비스듬히 들어가면 갈색이 더욱 아름답게 보입니다.
이 배색과 균형은 꼭 기억해두어야 합니다.

소재 : 피등 3mm (내추럴, 갈색)

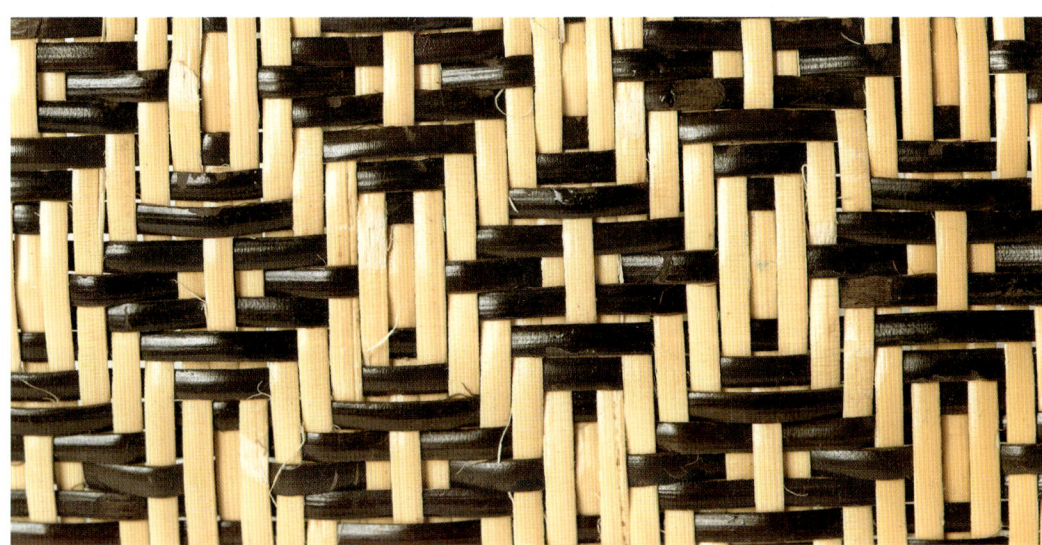

어살엮기

10 겹사각무늬 어살엮기

가로 방향으로 연속해 있는 중심의 사각무늬 둘레를 이중으로 선이 에워쌉니다.
사각형이 강조되어 힘이 느껴집니다.
뚜껑 무늬 등에 사용하면 효과적입니다.

소재 : 피등 3.5mm (내추럴, 갈색)

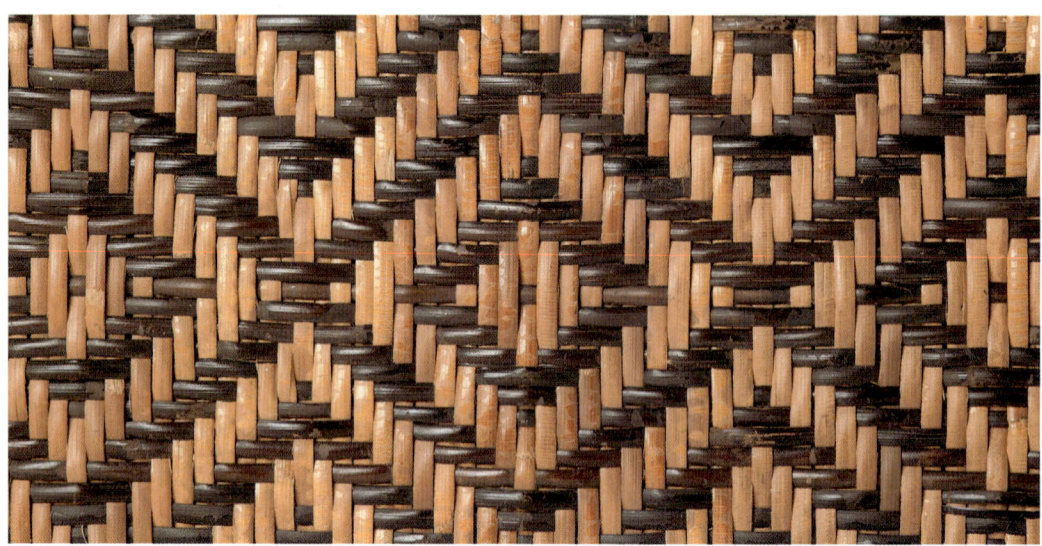

어살엮기

11 변형작은사각무늬 어살엮기

중심을 엮는 방법의 변화에 따라 트럼프 4장을 나란히 놓은 것처럼 보이기도 하는 신기한 무늬입니다.
좀 더 촘촘하게 엮으면 모자이크 무늬로도 보입니다.

소재 : 피등 3mm (내추럴, 갈색)

어살엮기

12 뒷면사각무늬 어살엮기

사각무늬 어살엮기(P. 64)의 방법을 사용하되 날대와 가로심을 함께 3줄 간격으로 색을 바꾸면 같은 것이라고는 생각할 수 없는 무늬가 나타납니다. 배색으로 변화를 준 무늬 중 하나입니다.

소재 : 피등 3mm (내추럴, 갈색)

Column

일본 조몬시대의
어살엮기 복원도

조몬縄文, 즉 새끼줄 무늬라는 말 자체에서 알 수 있듯이 이 시대에는 자연 소재가 친숙하게 쓰였습니다. 아래의 그림은 조몬시대 후기의 토기 바닥을 복원한 어살엮기 복원도입니다. 토기를 구울 때 회전시키기 위해서 접시를 만들었는데, 이 접시에 토기 바닥이 눌린 자국을 토대로 복원했습니다. 오동나무, 떡갈나무, 칠엽수 등의 크고 단단한 잎으로 짠 것이나 편백나무와 대나무 등을 가늘게 갈라서 어살엮기한 것이 쓰인 듯합니다. 요즘의 감각과 전혀 다를 게 없다는 점이 매우 놀랍습니다.

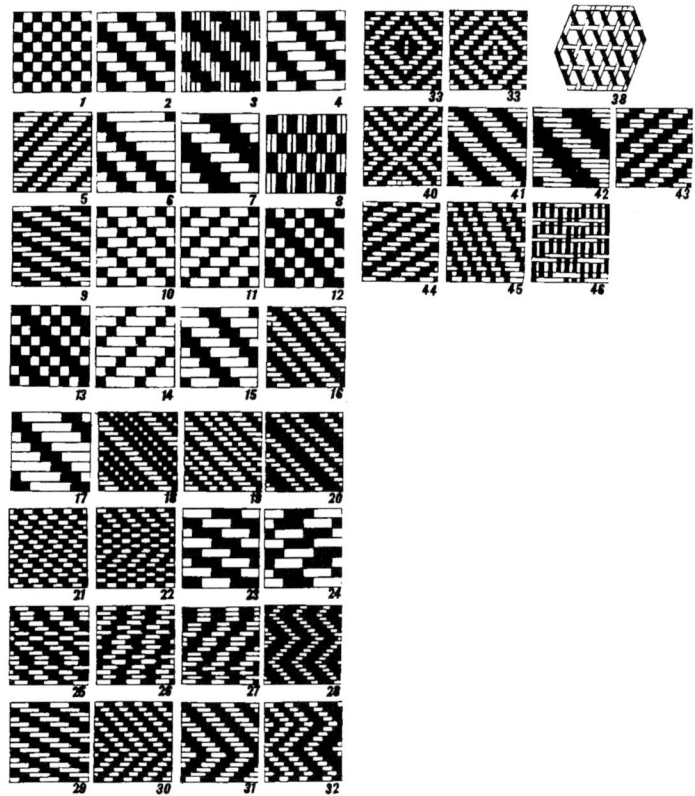

어살 복원도
출처 : 아라키 요시荒木ヨシ, 〈조몬시대의 어살엮기縄文時代の網代編み〉, 《물질문화物質文化》 17(1971).

13 문고 어살엮기A

'사각무늬 어살엮기'(P. 64)의 일종입니다. '문고文庫'에는 다양한 의미가 있는데 잡다한 도구를 넣는 상자를 가리키기도 합니다.
옛날부터 칠기, 도기, 대나무, 덩굴로 만들어진 물건에 이 이름이 붙는 경우가 많습니다.
아마 그 물건들에 자주 쓰인 무늬가 아니었을까요?

소재 : 피등 3mm (내추럴, 갈색)

어살엮기

14 문고 어살엮기B

중심을 과감하게 반으로 갈랐더니 작은 문고 2종류로 약동감이 더해집니다.
1줄, 3줄, 5줄을 건너뛰는 변화와 배색으로 이런 무늬가 생긴다니 조금 놀랍지 않나요?
홀수에서 느껴지는 멋은 늘 감탄스럽습니다.

소재: 피등 3㎜ (내추럴, 갈색)

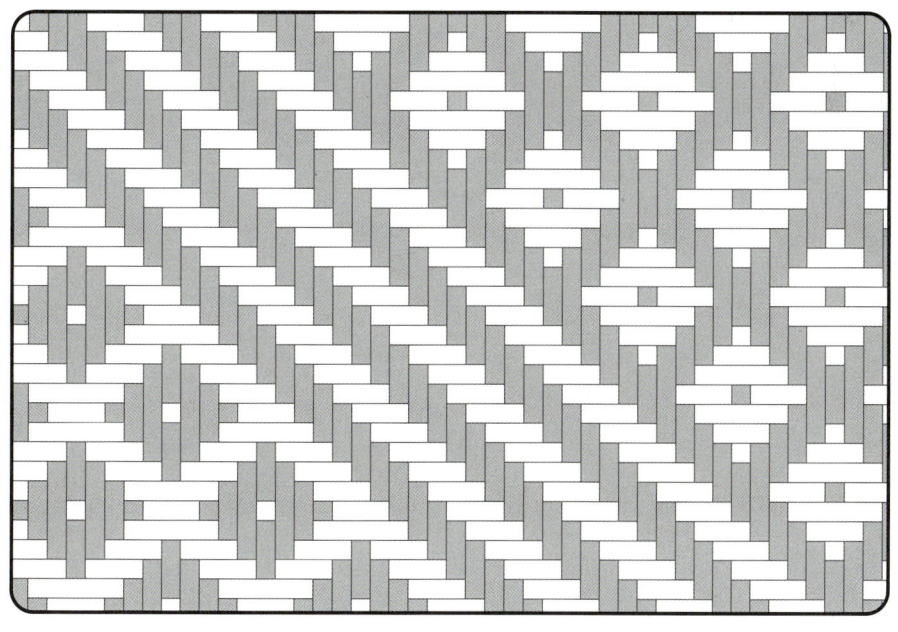

어살엮기

15 비늘무늬 어살엮기

정삼각형과 이등변삼각형을 같은 방향으로 배열한 무늬입니다.
생선 비늘을 닮아 이런 이름이 붙었습니다.
모던한 인상을 주기 때문에 바구니 등에 사용하면 멋진 작품이 완성됩니다.

소재 : 피등 3mm (내추럴, 갈색)

어살엮기

16 짜임변형 어살엮기

중심을 경계로 해서 엮는 짜임의 흐름이 달라지는 과감한 디자인입니다.
작은 것보다 큰 것을 만들면 한층 더 강한 힘이 느껴집니다.

소재 : 피등 3mm (내추럴, 갈색)

17 이리저리 어살엮기

날대와 가로심의 굵기 차이와 칸을 건너뛰는 방법에 따라 무늬가 자유롭게 변합니다.
무늬를 4분의 1로 갈라서 가장자리는 날대와 가로심의 굵기와 길이를 달리해 엮으면 웨이브가 생겨서 재미있는 인상을 줍니다.

소재 : 피등 3mm (내추럴, 갈색)

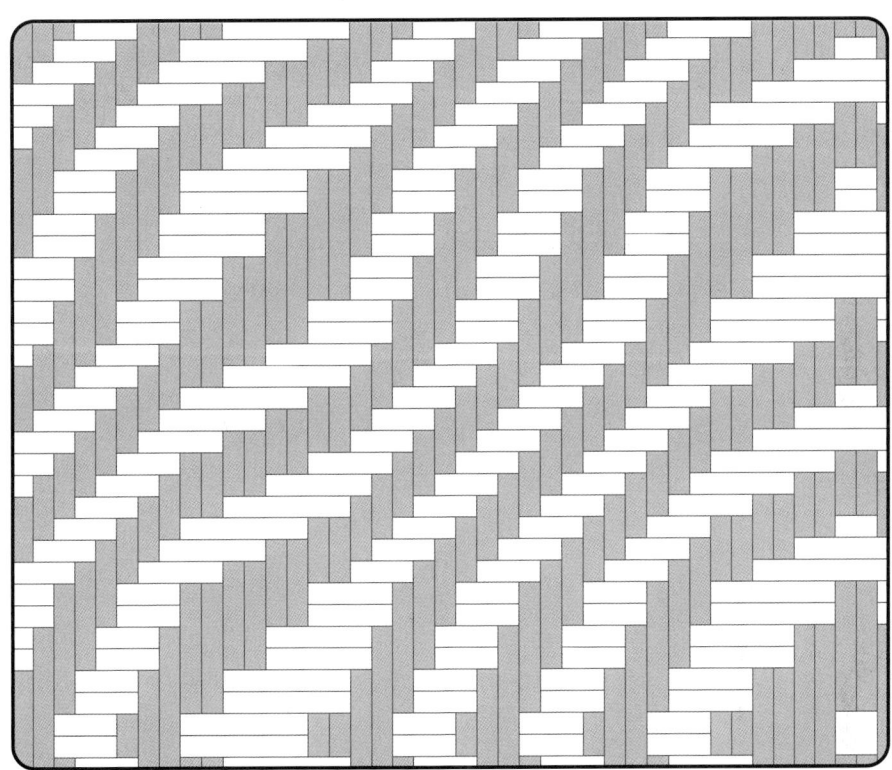

Column

세계의 바구니

직접 구입하거나 기념품으로 받아 수집한 각국의 바구니를 소개합니다.

↑ **아프리카**
매우 가는 잎과 풀로 엮은 바구니.

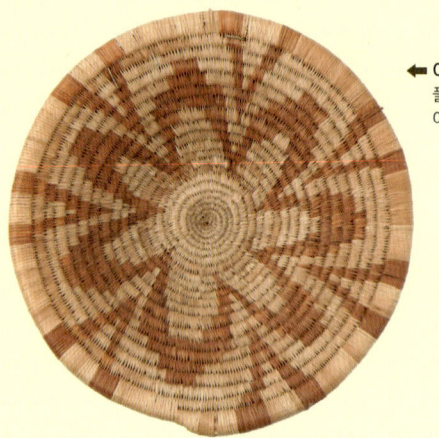

← **아프리카**
풀로 엮은 소박하고 아름다운 바구니.

← **이집트**
파피루스 풀로 엮어서 광택이 있다.

↑ **인도네시아**
여기에 점심 도시락을 넣고 밭일을 하러 나간다. 라탄 제품.

← **인도네시아 발리**
1mm짜리 피등을 사용해서 바구니짜임이 촘촘하고 아름답다.

◀ 태국
1mm 정도의 피등을 사용해 어살엮기로 만든 바구니.

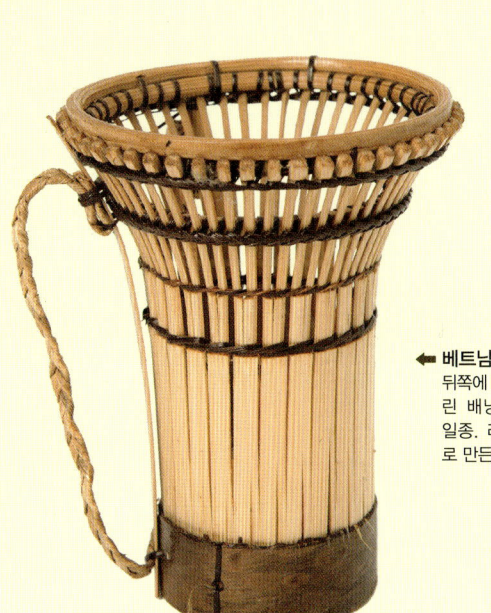

◀ 베트남
뒤쪽에 끈 두 줄이 달린 배낭식 바구니의 일종. 라탄과 대나무로 만든 제품.

↑ 중국
바닥이 들린 디자인의 라탄 바구니.

◀ 태국
감아엮기로 만든 동양적인 분위기가 감도는 라탄 바구니.

◀ 북유럽
북유럽의 대표적인 바구니. 자작나무로 만들었다.

↑ 북유럽
자작나무로 만든 벽걸이.

어살엮기

18 만자 솟을무늬 어살엮기

비스듬한 '만권자'를 연속 무늬로 엮는 기법입니다. 똑같은 패턴을 반복하는 무늬는 행운의 상징이라고 합니다. 이 기법으로 엮을 경우에는 1줄, 3줄, 5줄을 건너뛰는 방법으로 구성됩니다. 커다란 무늬로 사용하고 싶은 기법입니다.

소재 : 피등 3mm (내추럴, 흰색)

2 어살엮기 기법 / 만자 솟을무늬 어살엮기

만자 솟을무늬 어살엮기로 만든 트레이
(참고 작품)

평면으로 만자 솟을무늬 어살엮기를 한 다음, 안쪽에 나무판을 대서 나무틀에 끼워 넣은 트레이. 나무틀 작업은 전문업자에게 맡겨서 완성했습니다.

어살엮기

19 조리개모양 어살엮기

'사각무늬 어살엮기'(P. 64)의 일종입니다. 가로심의 폭과 순서를 바꾸면 무늬가 나타나는 방식이 달라집니다. 또한 배색하면 무늬가 뚜렷하게 나타납니다.
폭은 3mm의 피등을 1줄만 사용하거나 2줄, 3줄을 합쳐 사용해서 변화를 줍니다.

소재 : 피등 3mm (내추럴, 흰색)

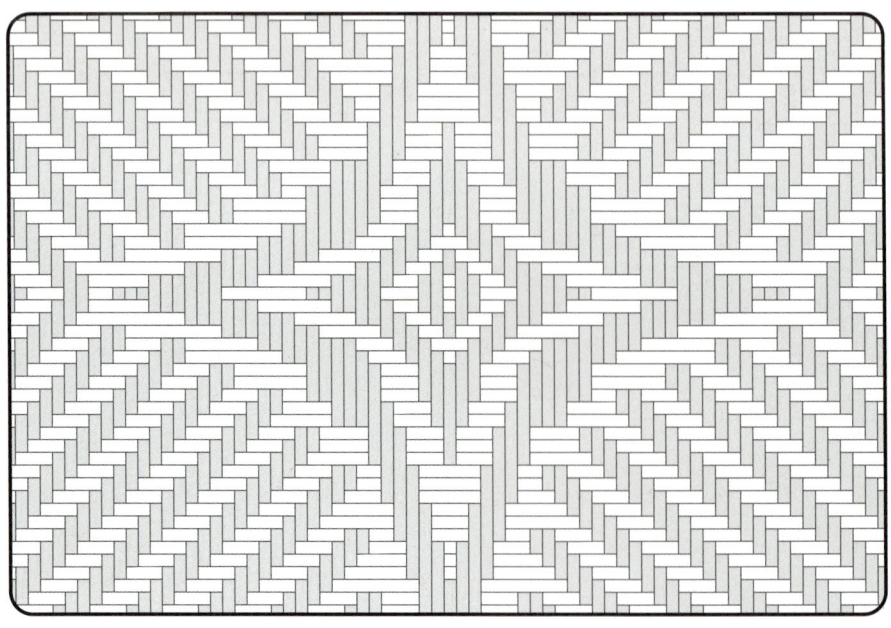

조리개모양 어살엮기로 만든 가방
만드는 방법 ➡ P. 214

앞면을 과감한 조리개모양 어살엮기로 만든 대형 가방.

어살엮기

20 물결무늬 어살엮기

가로심의 폭과 건너뛰는 방법을 바꿔서 물결무늬를 나타냅니다.
큰 물결, 작은 물결로 약동감이 느껴지는 무늬입니다.

소재 : 피등 3mm (내추럴, 갈색)

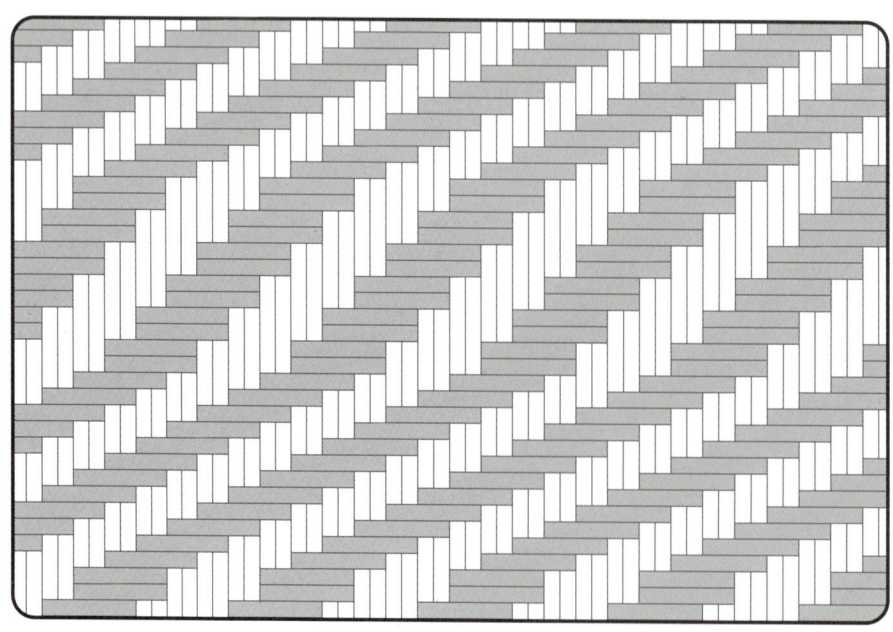

어살엮기

21 계단무늬 어살엮기

'배색 4줄 건너뛰어 어살엮기'라고도 합니다. 4줄마다 날대와 가로심의 색을 바꿔서 한쪽으로 비스듬한 무늬로 엮습니다.
엮는 방법이 단순하고 쉬우므로 어떤 것에나 쉽게 응용할 수 있습니다.

소재 : 피등 3㎜ (내추럴, 갈색)

어살엮기

22 퍼지는 어살엮기

중심에서 사방으로 퍼져나가는 기법입니다. 활기가 느껴지고, 배색하면 선이 뚜렷하게 나타납니다. 가방 등 어떤 것에나 응용할 수 있습니다.

소재 : 피등 3mm (내추럴, 갈색))

2 어살엮기 기법 / 퍼지는 어살엮기

퍼지는 어살엮기로 만든 가방
만드는 방법 ➡ P. 216

머루나무 껍질을 사용해 퍼지는 어살엮기로 만든 가방.

23 한쪽사각무늬 어살엮기

사각무늬 어살엮기의 중심에서 마름모무늬가 퍼지는 느낌을 가로 방향으로 강조한 기법으로 '물고기눈 어살엮기'라고도 합니다.
중심에 가로 3줄과 세로 3줄이 만나는 어살로 사각무늬를 만듭니다.

소재 : 피등 3mm (내추럴)

2 어살엮기 기법 / 한쪽 사각무늬 어살엮기

한쪽사각무늬 어살엮기로 만든
검은 가죽 손잡이가 달린 가방
만드는 방법 ➡ P. 218

좌우의 색을 조금 바꿔서 엮었습니다. 왼쪽은 검은색을 많이 사용했고 오른쪽은 적게 사용했습니다.

2 어살엮기 기법 / 한쪽 사각무늬 어살엮기

한쪽사각무늬 어살엮기로 만든 도시락 상자
(참고 작품)

피등으로 엮은 바구니. 주먹밥이나 샌드위치를 넣거나, 소품함으로도 쓸 수 있습니다.

Column

덴마크의 라탄 의자 이야기
'더 체어'

1949년 덴마크의 디자이너 한스 J. 웨그너Hans J. Wegner의 손에서 멋진 의자가 탄생했다. 그 이름은 나중에 '더 체어The chair'라고 불리게 되었다.

처음에 만들어진 의자는 앉는 시트 부분을 피등으로 엮은 것이었다. 의자 소재인 티크의 나뭇결이 아름다웠을 뿐 아니라 시트에 쓰인 라탄이라는 소재 자체가 당시로서는 이국적이고 우아하며 새로운 느낌이었다. 장인이 시간을 들여서 시트를 엮은 방식은 '칸무늬엮기'였다. 3cm×3cm 정도의 네모칸이 바둑판처럼 엮여 있는데 역시 한스 웨그너가 만든 의자답게 디자인이 아름답다. 앉아보면 바람을 탄 것처럼 부드럽고, 시원하면서도 따뜻함이 느껴진다.

의자가 만들어진 이듬해 전시회가 열렸을 때 미국의 허먼밀러사가 이 의자를 몇백 개나 주문했다. 그러나 장인이 일일이 시간을 들여서 엮는 의자였기에 대량으로 생산하기에는 어려움이 있었다. 그래서 시트 부분에 가죽을 깐 의자가 탄생했고 그 의자가 미국으로 건너갔다.

1960년 케네디와 닉슨의 대통령선거를 위한 토론회가 미국에서 최초로 TV를 통해 미국 전역으로 방영되었다. 케네디는 그때 자신이 앉을 의자를 직접 선택했는데, 200개가 넘는 의자 중에서 바로 이 의자를 선택했다. 의자에 앉았을 때 그는 이렇게 말했다고 한다. "The chair!(이게 의자지!)"

PP501 (라탄 시트)   PP593 (가죽 시트)

출처 : 스칸디나비안 리빙

어살엮기

24 배색교차칸무늬 어살엮기

'사각무늬 어살엮기'(P. 64)의 일종.
중심을 맞추는 방법을 조금 바꾸는 것만으로 둘레의 틀이 불규칙적으로 에워싸게 됩니다.

소재 : 피등 3mm (내추럴, 갈색)

어살엮기

25 원형 어살엮기

중심의 피등 줄수(폭)를 늘리면 원형 어살무늬가 나타납니다.

소재 : 피등 3mm (내추럴, 갈색)

어살엮기

26 꽃무늬 어살엮기

'원형 어살엮기'라고 하는 경우도 있는데 꽃처럼 사랑스럽고 섬세한 무늬이기 때문에 여기에서는 '꽃무늬 어살엮기'라고 했습니다. 가느다란 소재를 사용하면 꽃이 좀 더 작게 만들어집니다.

소재 : 피등 3mm (내추럴, 갈색)

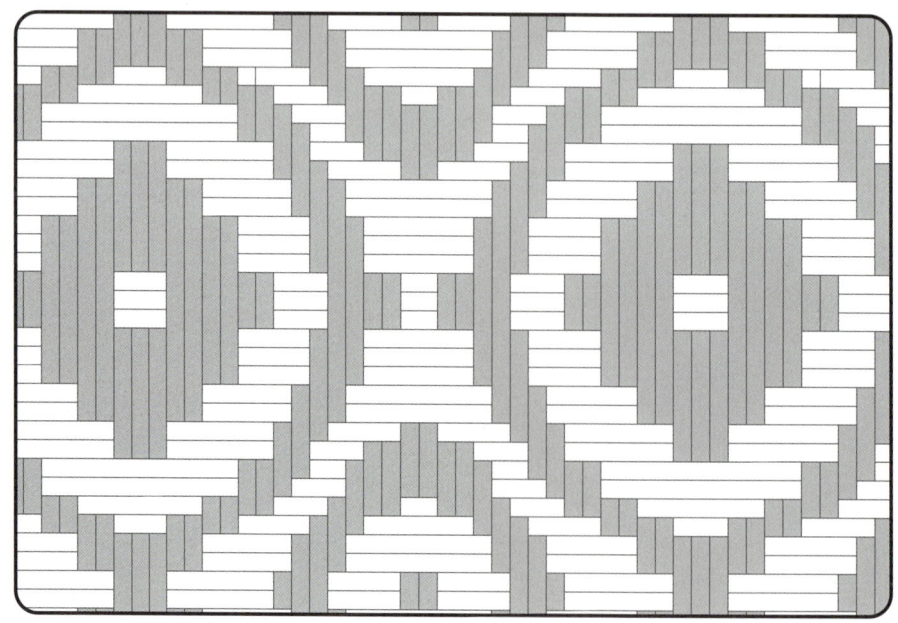

Column

세계에서 가장 가벼운 의자 '수페르레게라'

1957년 이탈리아 디자이너 지오 폰티Gio Ponti의 '수페르레게라SUPERLEGGERA'[이탈리아어로 '초경량'을 뜻한다—옮긴이]라는 의자가 카시나사에서 발매되었다. 이 의자는 무게가 고작 1.7kg 밖에 안 된다. 의자 시트 부분은 자연 소재의 라탄 (2줄 건너뛰어 2줄 떠올리기) 어살엮기로 만들어졌다. 피등의 굵기는 3mm이며 짜임은 조금의 빈틈도 없어서 자신도 모르게 손으로 감촉을 확인하고 싶어질 정도로 매끄럽고 아름답다.

이렇게 예쁜 무늬를 고르게 엮을 수 있는 사람은 세계에 그리 많지 않을 것이다. 다리 부분은 물푸레나무로 만들어졌는데 가늘고 군더더기가 없다. 시트의 테두리 부분을 엮는 방법도 독특하다. 같은 어살엮기라도 일본에서는 볼 수 없는 이탈리아만의 세련된 분위기를 만들어낸다.

확실히 이탈리아어로 의자는 '라 세디아la sedia'. 여성 명사임을 인정할 수 있을 정도로 우아하고 세련된 의자다.

출처 : 카시나

3
'꽃무늬엮기' 기법

복잡하고 정밀하며 아름답다!

조몬시대부터 엮어온 어살엮기에 비해 꽃무늬엮기의 역사는 확실하지 않습니다. 평면재로 엮는 꽃무늬는 소재를 가리기 때문일까요? 아니면 고도의 기술이 필요하기 때문일까요? 꽃무늬로 엮어 만든 옛날 바구니를 찾기가 어렵습니다.

대나무 바구니에서는 귀갑꽃무늬, 삼잎무늬, 그리고 꽃무늬의 기초가 되는 육방엮기 등을 흔히 볼 수 있습니다.

여기에서 소개하는 꽃무늬엮기 기법은 언제부터 시작되었는지 모릅니다. 그러나 꽃무늬를 엮는 방법으로는 은사인 라탄 공예가 가토 미사부로 선생님의 책과 가토 선생님의 스승이며 일본에서 처음으로 라탄 엮는 방법을 책으로 출판한 오쓰카 조시로大塚長四郎 선생님(1939년 세이분도신코샤誠文堂新光社에서 발간)의 기록이 있습니다. 물론 더 오래전부터 일본에도 있었을 것입니다.

꽃무늬엮기 방법은 복잡하고 정밀하며 아름답습니다. 이 기법은 튼튼하고 탄력이 있는 라탄이 가장 잘 어울린다고 생각합니다.

라탄이 자라는 인도네시아나 싱가포르에 가면 라탄으로 엮은 꽃무늬 바구니가 흔히 눈에 들어옵니다. 그 바구니들은 매우 섬세합니다. 어쩌면 꽃무늬엮기의 기원은 동남아시아일지도 모릅니다. 최근에는 일본의 상점에서도 꽃무늬엮기로 만든 바구니를 볼 수 있습니다. 북유럽 스타일도 있고, 소재로 크래프트 테이프나 플라스틱 테이프를 쓰기도 해서 종류가 다양합니다.

하지만 어떤 타입이든 꽃무늬엮기는 모두 육방엮기에서 시작됩니다. 평면을 만들기는 쉽지만 수직으로 세워서 입체로 만드는 부분부터 조금 어려울 수 있습니다.

【꽃무늬엮기의 포인트】

❶ 육방엮기를 만들 때 기본이 되는 조록나무가지 감기는 무늬의 크기와 밀도에 따라 감는 방법이 다릅니다.
❷ 피등은 물에 담가서 잘 적십니다. 여러 번 사릿대가 교차하기 때문에 표면에 칠한 니스가 벗겨지기 쉽습니다. 대나무로 만든 떠올리기 도구를 사용하는 방법을 추천합니다.
❸ 가능한 한 정확한 정육각형을 만듭니다. 이때 소재를 무리하게 펼치면 예쁜 꽃무늬를 엮을 수 없습니다. 지나치게 잡아당기지 않게 주의하세요.

시작하기 전에

육방엮기

평면 꽃무늬엮기는 나무틀에 육방엮기를 펼치는 것에서 시작됩니다.
그 순서를 소개합니다.

1 나무틀 안쪽에 겉쪽이 보이게 반으로 접은 피등을(1바퀴 분량보다 10㎝ 정도 길게 잡는다) 대고 어살엮기의 조록나무가지 감기(P. 52 참조)와 같은 요령으로 조록나무가지 감기를 합니다.

2 각 변의 길이가 같아지도록 피등을 조록나무가지 감기한 부분에 꽂아서 정삼각형을 펼칩니다.

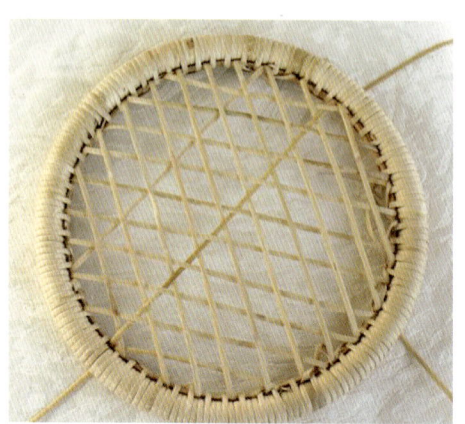

3 삼각형의 한 변과 평행을 이루도록 피등을 나무틀 중심에서 바깥쪽으로 펼쳐나갑니다. 꽂아 넣은 심은 안쪽에서 1줄 걸러 빼내 항상 똑같은 간격을 유지합니다. 원의 곡선이 좁아지기 때문에 바깥쪽으로 갈수록 심을 2줄 걸러 꽂아 넣게 됩니다.

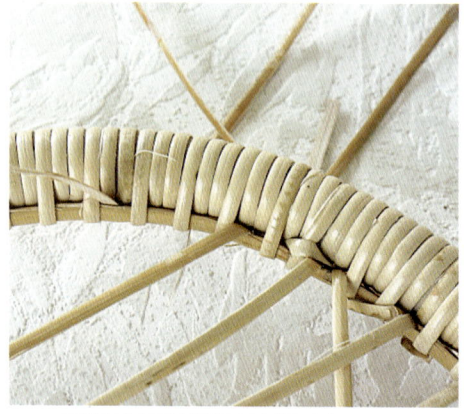

4 평행하게 같은 간격으로 펼칩니다.

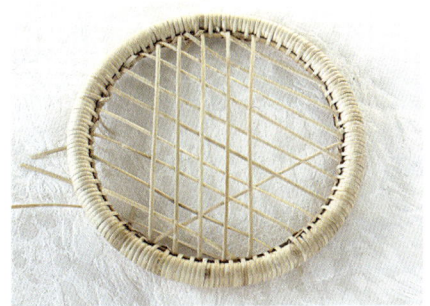

5 2번째 심을 4의 위에서 다른 한 변의 피등과 평행하게 펼칩니다.

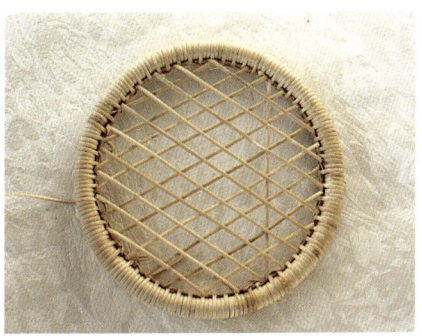

6 2번째 심을 다 편 상태입니다.

7 맨 아래쪽에 남아 있던 심과 3번째 심이 평행을 이루도록 심 2줄이 겹친 부분을 서로 교차해 떠올려서 육각형을 구성합니다. 아래쪽 심은 제거합니다.

8 바구니짜임이 이렇게 됩니다.

9 완성.

꽃무늬엮기

01 층층이 꽃무늬엮기

꽃무늬엮기 중에서 가장 쉽게 만들 수 있습니다.
무늬를 좀 더 촘촘하게 만들고 싶을 때는 육방엮기의 짜임을 작게 하거나 갈색 심을 굵게 하면 좋습니다.

소재 : 피등 3.5mm (내추럴), 2mm (갈색)

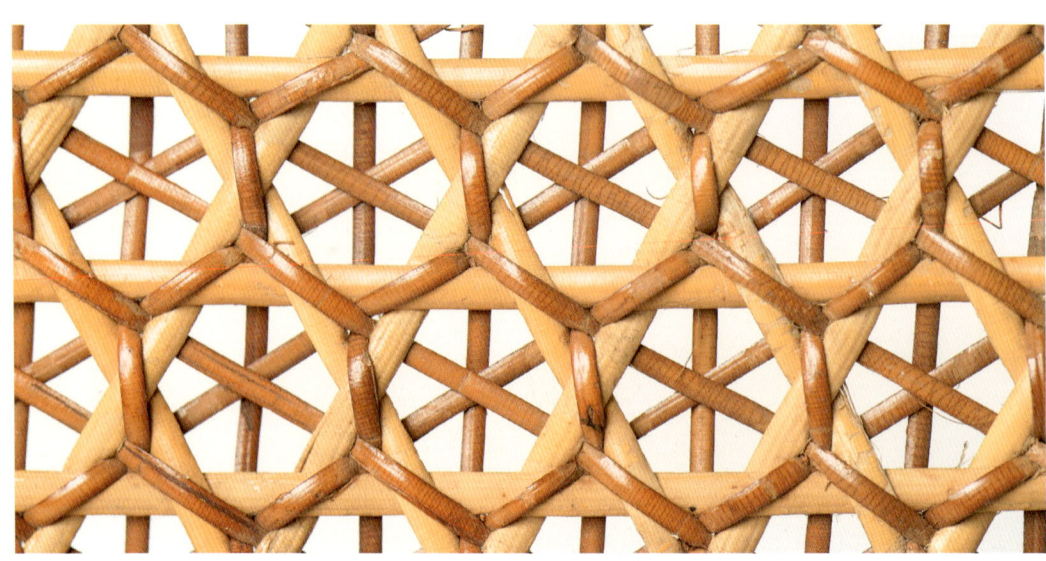

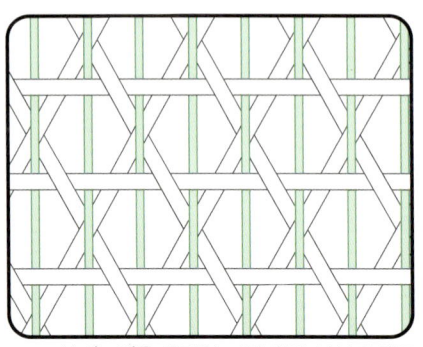

1 심 1(녹색)을 육각형 짜임 위의 중심에 세로로 떠올립니다.

2 심 2(파란색)를 비스듬히 떠올립니다.

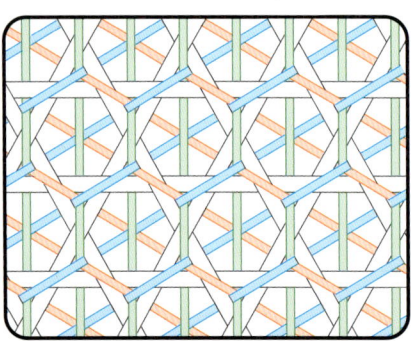

3 심 3(주황색)을 심 2(파란색)의 반대쪽으로 비스듬히 떠올립니다.

3 꽃무늬엮기 기법 / 층층이 꽃무늬엮기

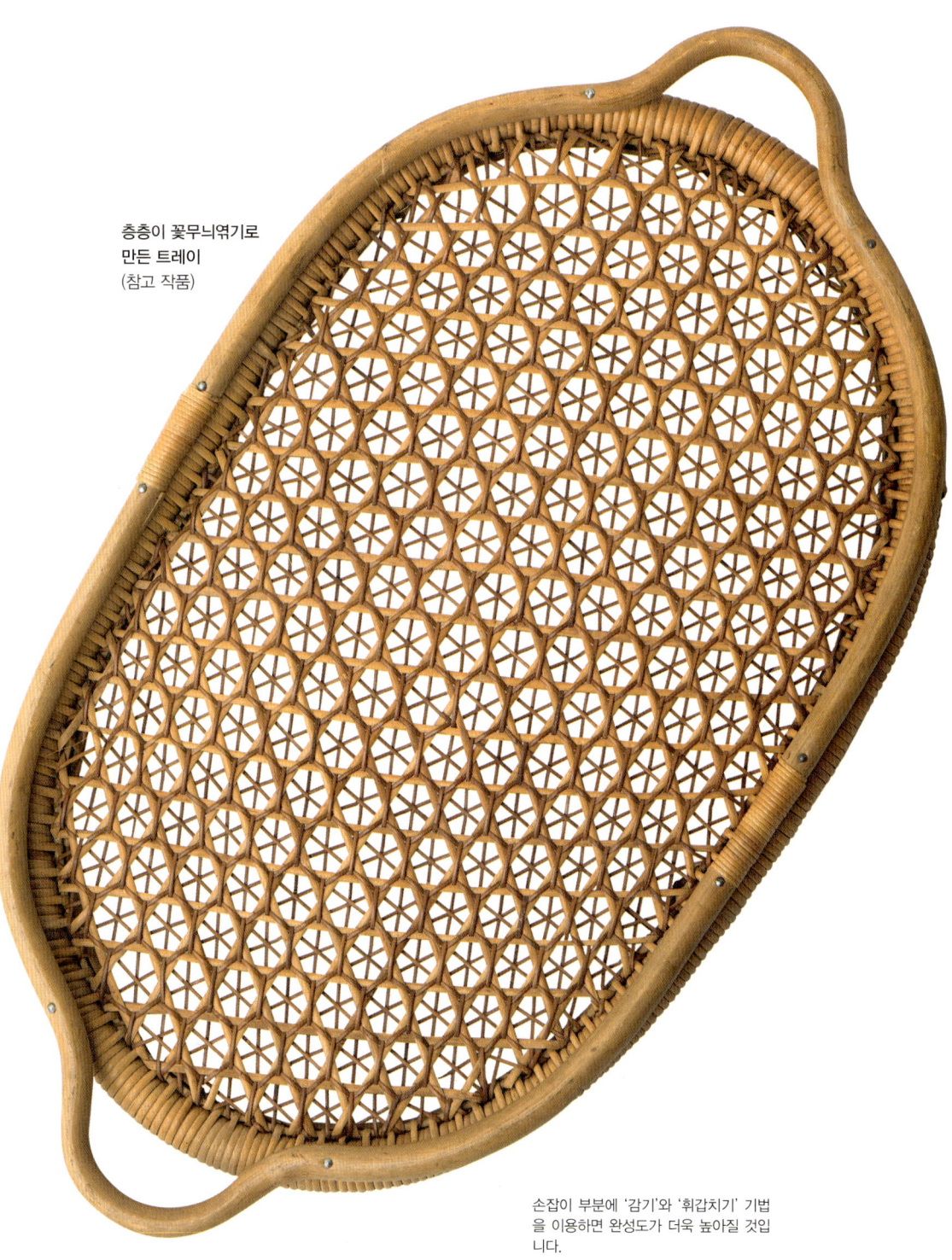

층층이 꽃무늬엮기로
만든 트레이
(참고 작품)

손잡이 부분에 '감기'와 '휘갑치기' 기법을 이용하면 완성도가 더욱 높아질 것입니다.

꽃무늬엮기

02 삼잎무늬엮기

삼잎은 빨리 자라고 튼튼해서 건강을 기원하는 길상무늬로 간주되어 갓난아기의 배내옷 등에 쓰입니다.
쉬운 기법 중 하나이며 매우 시원한 느낌을 줍니다.

소재 : 피등 3.5㎜ (내추럴), 2㎜ (갈색)

1 심 1(갈색)을 육각형 짜임 위에 올려놓습니다.

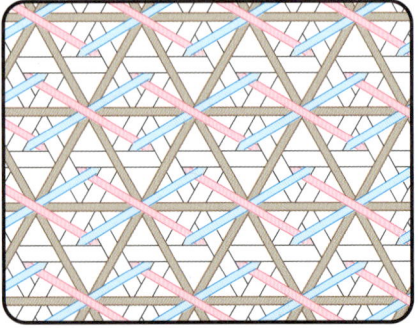

2 심 2(분홍색)를 비스듬히 떠올려갑니다. 그런 다음 심 3(파란색)을 비스듬히 떠올려갑니다.

3 심 4(녹색)를 세로 방향으로 떠올려갑니다.

03 도라지꽃무늬엮기

육방엮기 위에서 1줄 걸러 갈색을 펼치고 심을 떠올려 무늬를 만들어갑니다.
세 방향으로 갈색이 들어가서 복잡한 무늬를 연출할 수 있습니다.

소재 : 피등 3.5mm (내추럴, 갈색)

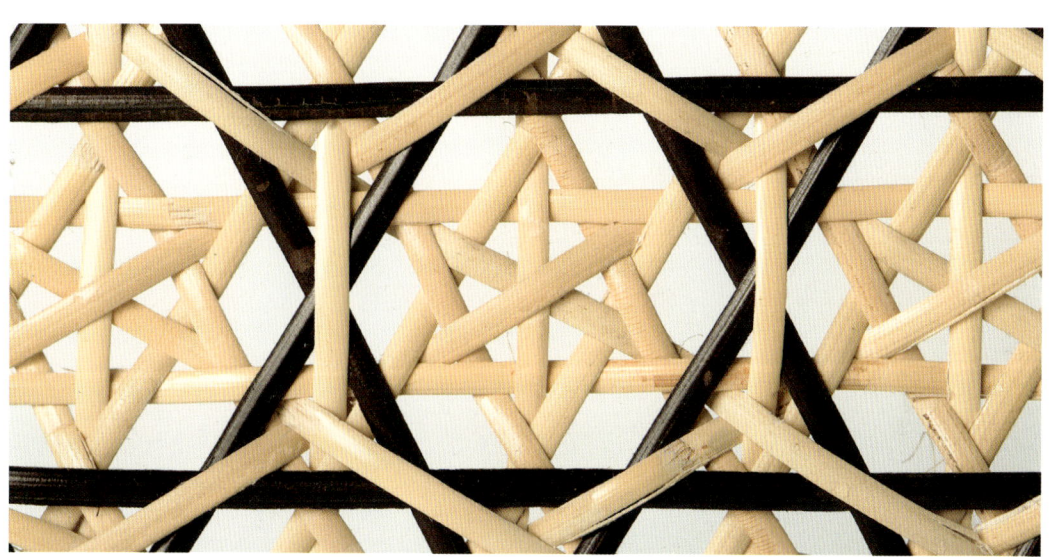

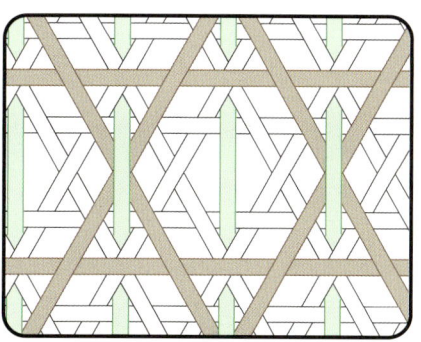

1. 심 1(갈색)을 육각형 짜임 위에 올려놓고 심 2(녹색)를 세로 방향으로 떠올립니다.

2. 심 3(파란색)을 비스듬히 떠올립니다.

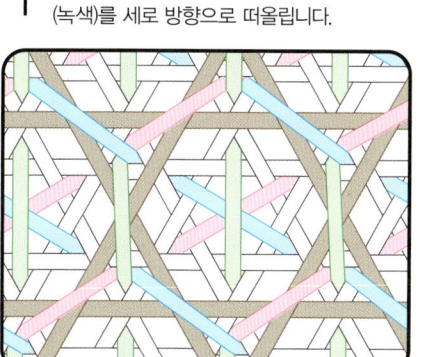

3. 심 4(분홍색)를 심 3(파란색)의 반대쪽에서 비스듬히 떠올립니다.

04 꽃봉오리무늬엮기

밑에서부터 꽃봉오리가 떠올라서, 손으로 따보고 싶어지는 무늬입니다.
꽃무늬를 떠올리는 사릿대는 가늘어야 예쁘게 보입니다.

소재 : 피등 3mm (흰색), 2mm (내추럴)

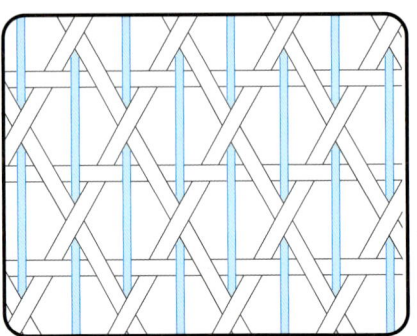

1 육각형 짜임에 세로 방향으로 심 1(파란색)을 떠올려 넣습니다.

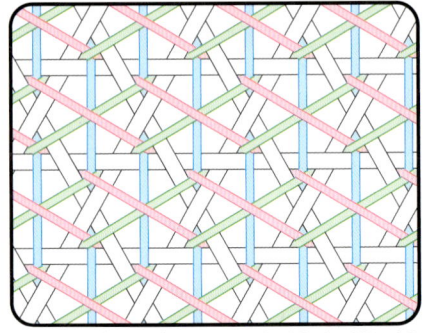

2 심 2(분홍색)를 비스듬히 떠올려 넣은 다음 심 3(녹색)을 떠올려 넣습니다.

3 심 4(갈색)를 떠올려 넣은 다음 심 5(검은색)를 떠올려 넣습니다. 가로 방향으로 심 6(노란색)을 떠올려 넣습니다.

꽃무늬엮기

05 반쯤 핀 벚꽃무늬엮기

꽃망울이 조금 벌어진 듯한 무늬입니다.
꽃무늬를 만드는 사릿대는 가늘어야 쉽게 엮을 수 있습니다.

소재 : 피등 3.5mm (갈색), 3mm (내추럴)

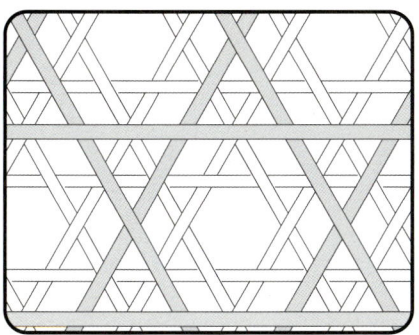

1. 육각형 짜임 위에 심 1(검은색)을 올려놓습니다.

2. 심 2(주황색)를 떠올리고 심 3(녹색)과 심 4(파란색)도 같은 방법으로 떠올려 넣습니다.

3. 2의 위에서 심 5(갈색)를 떠올려 넣습니다. 같은 방법으로 심 6(노란색)과 심 7(분홍색)을 떠올려 넣습니다.

06 소국무늬엮기

작은 꽃무늬가 귀여운 기법입니다.
무늬가 자잘해서 육방엮기를 크게 만들어야 쉽게 엮을 수 있습니다.
작게 엮을 때는 가는 피등을 사용하면 좋습니다.

소재 : 피등 3mm, 2mm (내추럴), 2mm(적자색)

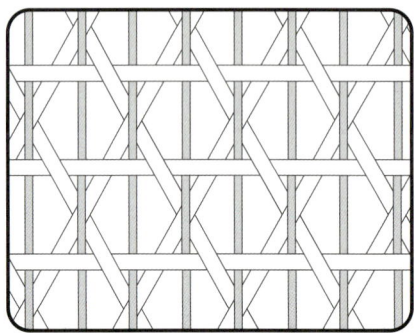

1 육각형 짜임에 세로 방향으로 심 1(검은색)을 떠올려 넣습니다.

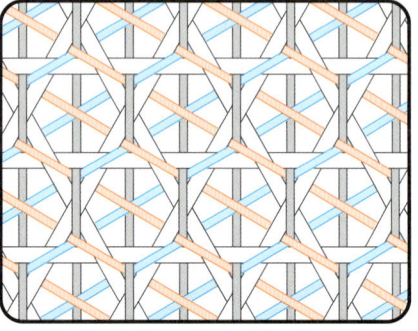

2 심 2(파란색)를 오른쪽 위로 비스듬히 떠올립니다. 심 3(주황색)을 왼쪽 위로 비스듬히 떠올립니다.

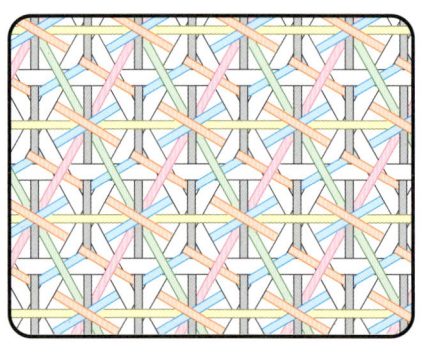

3 심 4(분홍색)를 육각형 짜임의 중심부에 생긴 무늬 아래로 떠올려 넣습니다. 그런 다음 심 5(녹색)를 같은 방법으로 떠올려 넣습니다. 마지막으로 심 6(노란색)을 같은 방법으로 떠올려 넣습니다.

소국무늬엮기로 만든
과자 바구니
만드는 방법 ➔ P. 220

손잡이를 단 작은 바구니입니다. 조금 특이한 색의 피등을 사용했습니다.

07 모란꽃무늬엮기

육각형 짜임 위에 세 방향으로 갈색을 올려놓은 후 떠올려나갑니다.
사릿대 수는 많지만 순서를 틀리지 않으면 보기보다 엮기 쉬운 무늬입니다.

소재 : 피등 3mm (내추럴, 갈색)

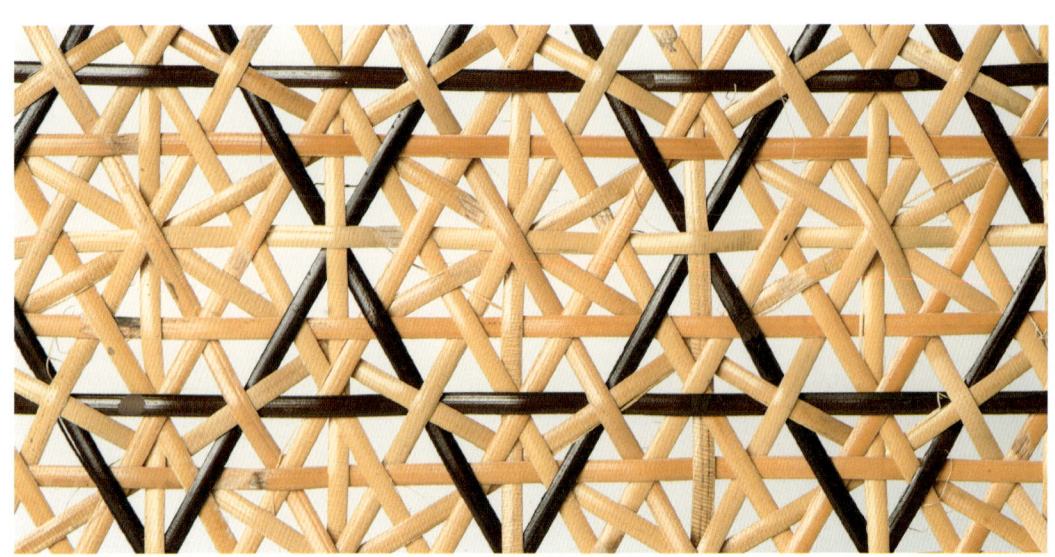

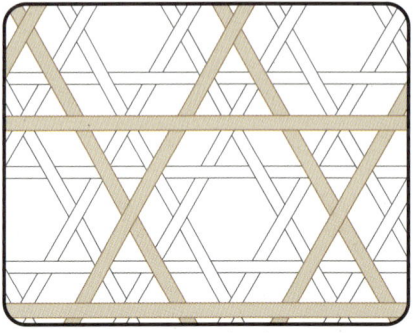

1 육각형 짜임 위에 심 1(갈색)을 올려놓습니다.

2 심 1(노란색)을 육각형 짜임 세로 방향으로 떠올립니다. 심 2(파란색)를 비스듬히 떠올려 넣은 뒤 심 3(분홍색)으로 떠올려나갑니다.

3 심 4(녹색)으로 비스듬히 떠올려 넣은 뒤 심 5(회색)으로 떠올리고 가로 방향을 심 6(검은색)으로 떠올려나갑니다.

모란꽃무늬엮기로 만든 테이블
(참고 작품)

커다란 작품은 라탄을 펼치는 방법이 어렵습니다. 라탄이 풀어지지 않도록 너무 빡빡하거나 느슨하지 않게 골고루 엮어나갑니다.

꽃무늬엮기

08 도드라진 국화무늬엮기

물 위에 국화가 떠 있는 듯한 무늬입니다.
기본인 육각형 짜임(녹색)을 펼친 뒤 뒤집어서 내추럴 색상을 세 방향으로 펼쳐나가는 점이 지금까지 소개한 방법과는 조금 다릅니다.

소재 : 피등 3mm (녹색), 2mm (내추럴)

1 육각형 짜임을 뒤집어서 심 1(검은색)을 올려 놓습니다.

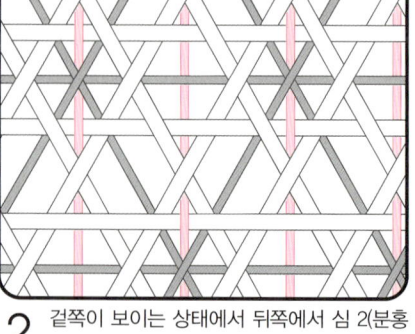

2 겉쪽이 보이는 상태에서 뒤쪽에서 심 2(분홍색)을 떠올려 넣습니다.

3 심 3(파란색), 심 4(주황색)를 떠올려 넣습니다.

꽃무늬엮기

09 패랭이꽃무늬엮기

비늘잎무늬엮기(P. 113 참조)의 안쪽이 패랭이꽃무늬엮기가 됩니다.

소재: 피등 3.5㎜ (내추럴, 갈색), 2㎜ (내추럴)

1 육각형 짜임을 뒤집어서 심 1(검은색)을 가로 방향과 사선 방향으로 놓습니다.

2 겉쪽이 보이는 상태에서 심 2(파란색)를 심 1(검은색)의 아래쪽을 통과시켜 떠올려나갑니다.

3 2와 같은 방법으로 심 3(주황색)과 심 4(녹색)로 아래쪽을 통과시켜 떠올려나갑니다.

10 국화무늬엮기

완성된 모습이 화려해서 보기 좋습니다.
조록나무가지 감기의 간격과 사릿대의 폭을 조정하면 무늬가 달라집니다.
모란꽃무늬엮기(P. 108 참조)와 방법이 비슷하지만 마지막의 심을 떠올리는 방법이 다릅니다.

소재 : 피등 3.5㎜ (내추럴, 갈색)

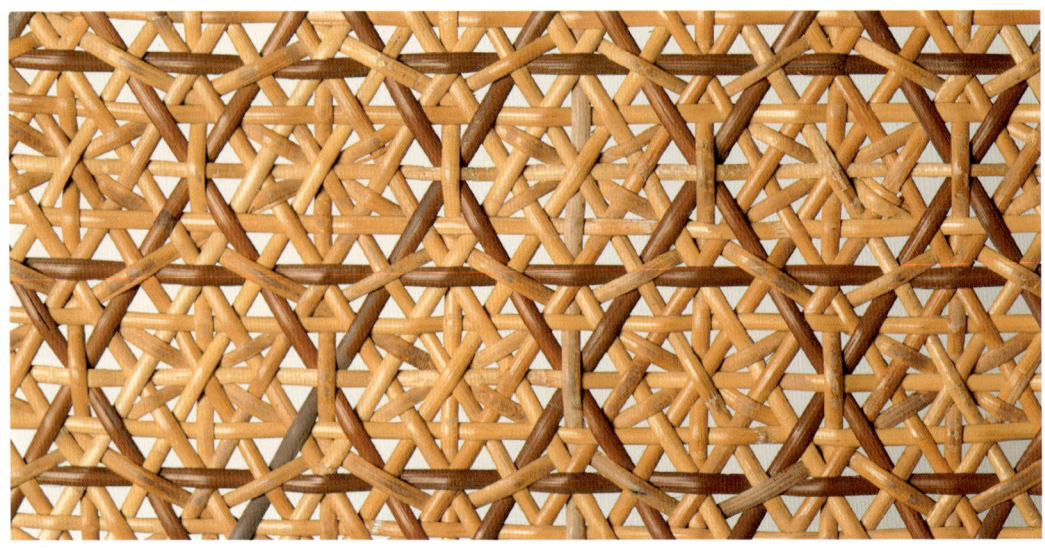

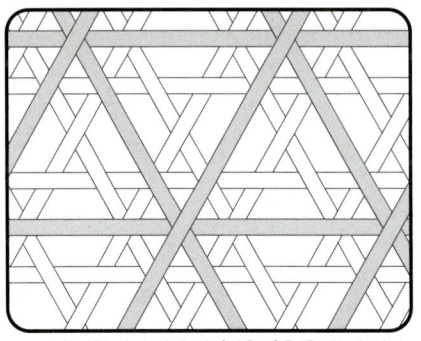

1 육각형 짜임 위에 심 1(검은색)을 올려놓습니다.

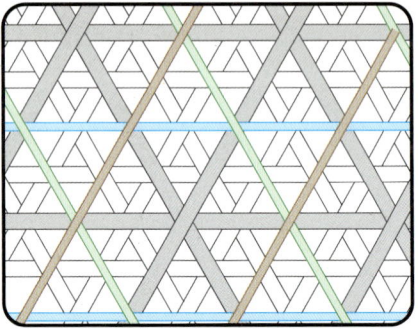

2 심 1(검은색) 위에 심 2(파란색)를 평행하게 올려놓습니다. 심 3(녹색)을 같은 방법으로 올려놓고 심 4(갈색)를 올려놓습니다.

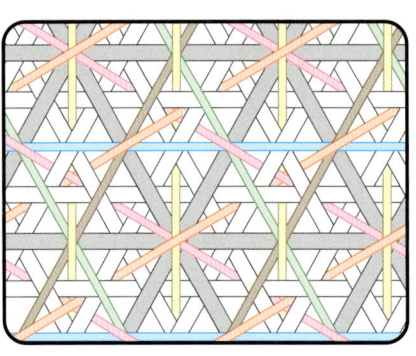

3 2의 위에서 심 5(분홍색)와 심 6(노란색)을 떠올려 넣습니다. 이때 심 1(검은색)이 교차한 부분 위로 통과시킵니다. 심 7(주황색)도 같은 방법으로 통과시킵니다.

11 비늘잎무늬엮기

조록나무가지 감기는 2칸마다 떠올려서 심의 간격을 촘촘하게 합니다.
육각형을 이루는 선들이 교차하는 부분에 다시 육각형을 만듭니다.
산뜻하면서도 부피감이 느껴지는 무늬입니다.
정확한 육각형이 되도록 주의해서 엮으세요.

소재 : 피등 3.5mm (내추럴, 갈색), 2mm (내추럴)

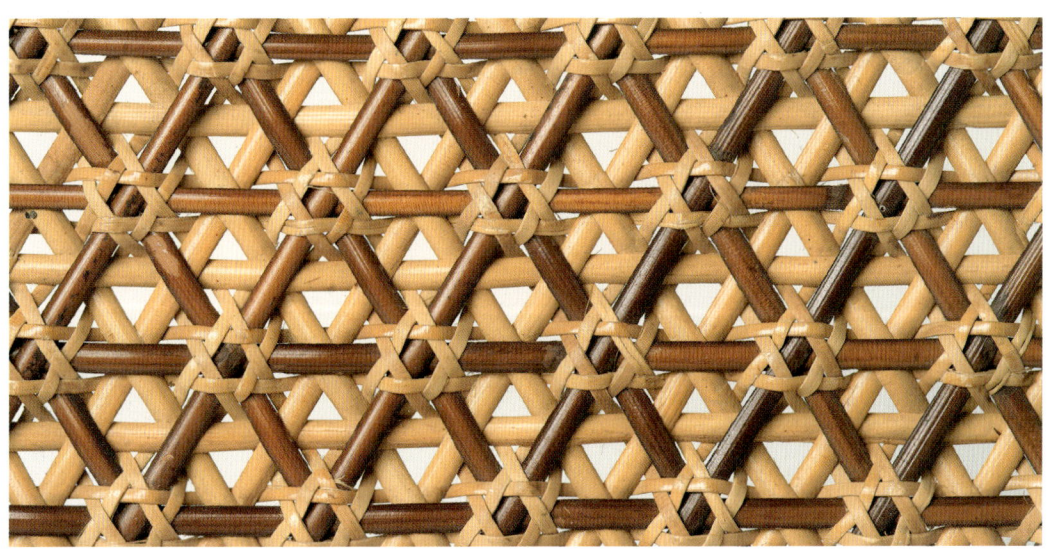

1 육각형 짜임의 조록나무가지 감기는 2칸마다 떠올립니다. 육각형의 바구니짜임 위에 심 1(갈색)을 올려놓습니다.

2 심 1(갈색) 위에 심 2(파란색)를 비스듬히 넣습니다.

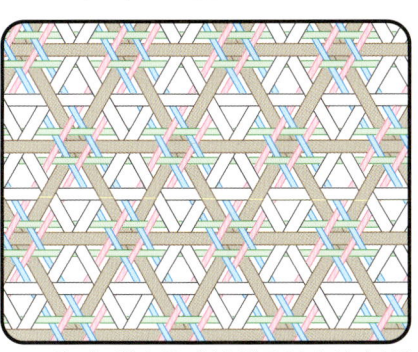

3 심 3(녹색)과 심 4(분홍색)를 넣어 심 1(갈색) 부분에 육각형 바구니짜임을 만듭니다.

꽃무늬엮기

12 변형비늘잎무늬엮기

비늘잎무늬엮기(P. 113 참조)와 마찬가지로 조록나무가지 감기는 2칸마다 떠올립니다.
육각형의 바구니짜임 안쪽에 작은 육각형이 하나 더 들어갑니다.
무늬는 층층이꽃이 에워싼 것처럼 보이기도 합니다.

소재 : 피등 3mm (내추럴, 갈색)

1 육각형 짜임의 조록나무가지 감기는 2칸마다 떠올립니다. 육각형의 바구니짜임 위에 심 1(갈색)을 떠올려 넣습니다.

2 심 2(분홍색)를 비스듬히 떠올려 넣습니다.

3 심 3(녹색)을 심 2(분홍색)와는 반대 방향으로 비스듬히 떠올려 넣습니다.

3 꽃무늬엮기 기법 / 변형비늘잎무늬엮기

변형비늘잎무늬엮기로
만든 바구니
(참고 작품)

육각형 뚜껑이 달린 바구니. 모든 면을 변형비늘잎무늬엮기로 만들었습니다.

꽃무늬엮기

13 귀갑꽃무늬엮기

정육각형무늬로, 거북이 등딱지 모양과 닮아서 이런 이름이 붙었습니다.
정삼각형을 위아래로 겹친 형태는 예부터 뱀을 퇴치하는 힘이 있다고 해서 액막이의 의미가 있습니다.
비교적 쉽게 엮을 수 있는 기법입니다.

소재 : 피등 3.5㎜ (내추럴, 갈색)

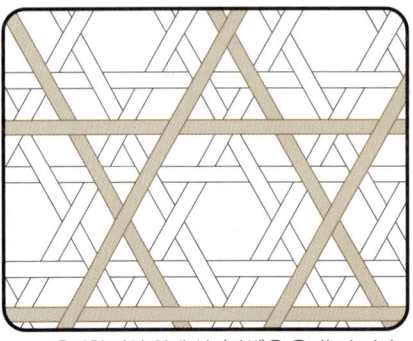

1 육각형 짜임 위에 심 1(갈색)을 올려놓습니다.

2 심 2(파란색)를 심 1(갈색) 위에 떠올려 넣습니다. 그런 다음 심 3(분홍색)을 같은 방법으로 떠올려 넣습니다.

3 심 4(녹색)를 가로 방향으로 떠올려 넣습니다.

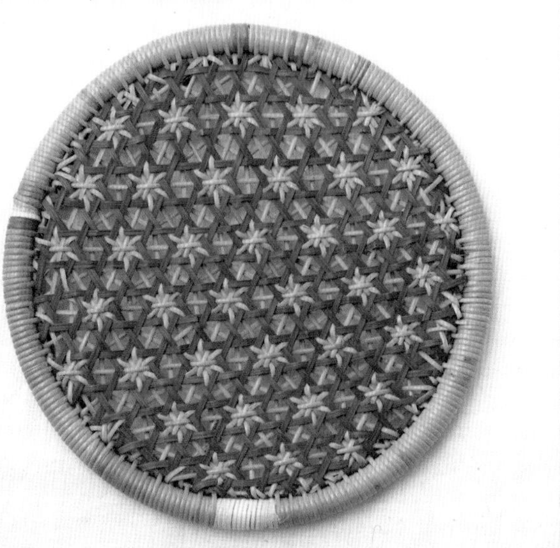

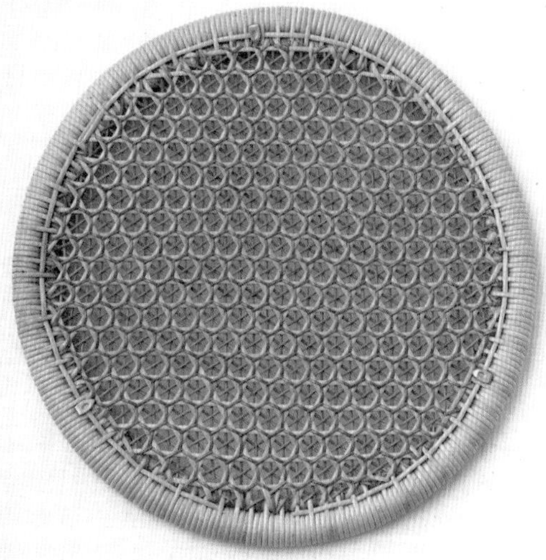

❶ ❷
❸ ❹

❺ ❻

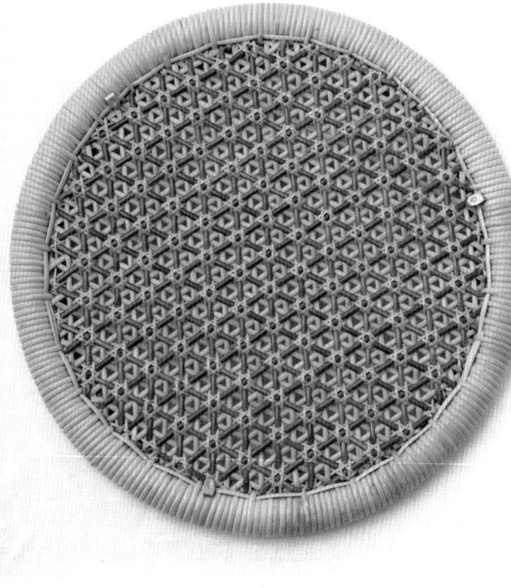

❶ 도드라진 국화무늬엮기 ❷ 층층이꽃무늬엮기 ❸ 모란꽃무늬엮기 ❹ 꽃봉오리무늬엮기 ❺ 도라지꽃무늬엮기 ❻ 비늘잎무늬엮기

3 꽃무늬엮기 기법

꽃무늬엮기로 만든 바구니
(참고 작품)

20세기 초의 죽공예품. 얇은 대나무를 사용해서 꽃무늬엮기로 만들었습니다. 뚜껑의 가운데는 아와지 짜기입니다.

꽃무늬엮기로 만든 접시
(참고 작품)

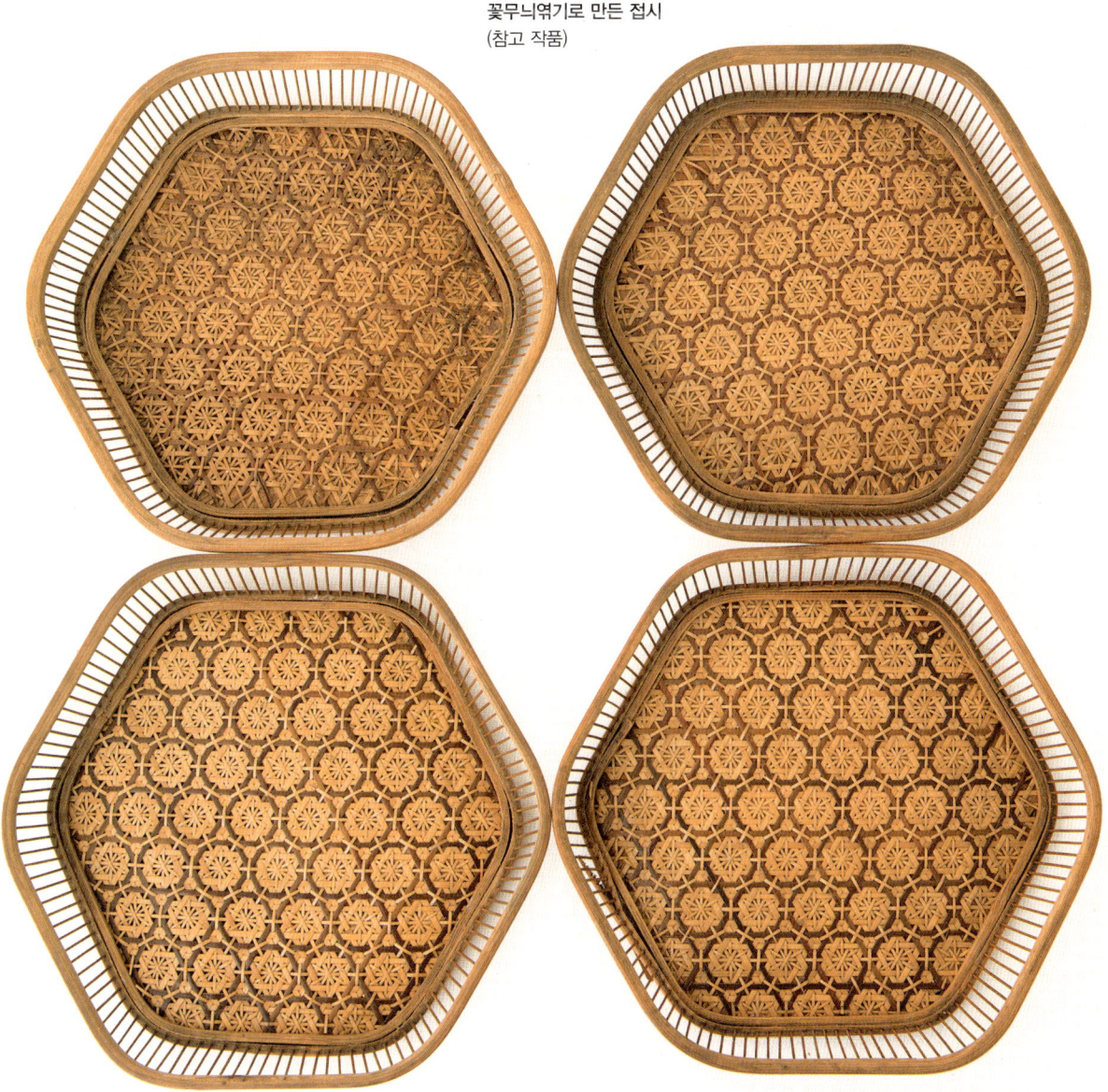

P. 118의 바구니와 세트인 접시. 자잘한 꽃무늬엮기에 장인의 기술이 담겨 있습니다.

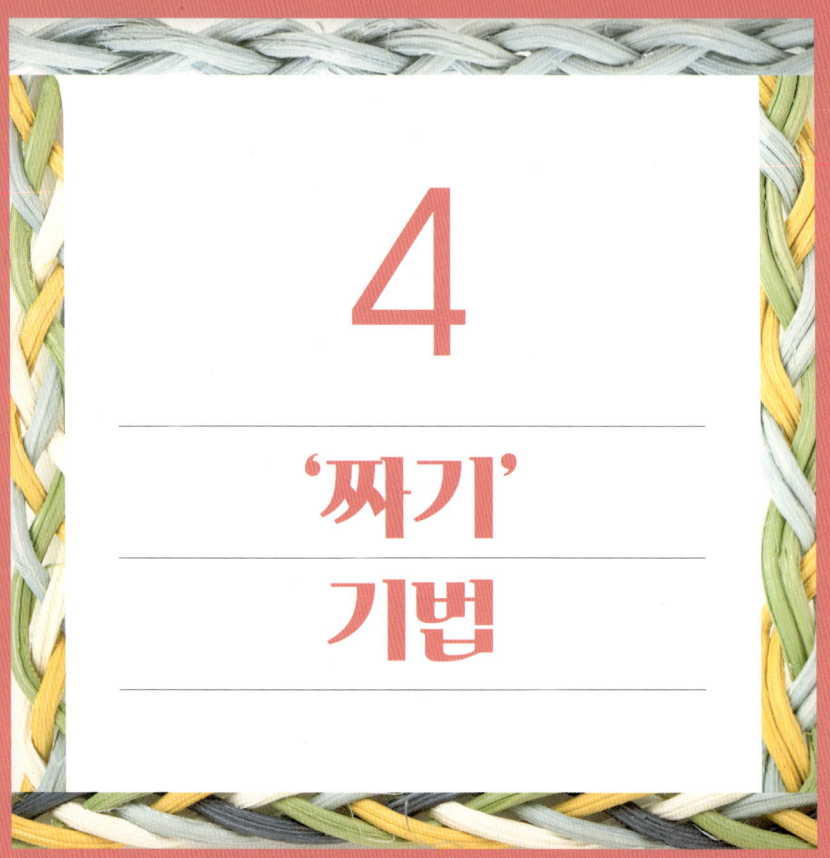

4
'짜기' 기법

두 가지 이상이 서로 얽혀서 모양을 만든다

'짜기'에는 '얽히게 하기'라는 의미도 있어서 두 가지 이상이 서로 얽혀서 반발하며 모양을 만들어갑니다.

　예를 들면 대나무, 피등, 머루나무, 호두나무 등 테이프 모양의 소재로 만든 바구니는 평직이라고 불리는 짜기 기법을 씁니다. 이 방법은 날대와 가로심이 위아래에서 서로 누르는 힘으로 구성됩니다.

　또한 예부터 전해져오는 다양한 '짜기' 기법은 바구니에 일부 편입되어 더욱 섬세하고 우아한 분위기를 자아냅니다.

　소재가 서로 얽히고 겹치며 꼬여서 생기는 여러 가지 모양은 훌륭한 법칙을 제시해줍니다.

짜기

01 아와지 짜기

'아와지매듭'이라고도 합니다.
원래는 경사스러운 일이 있을 때 의식용으로 쓰던 기법이며 수많은 응용 버전이 있습니다.
바구니에 사용할 때는 일부에 무늬로 넣으면 부드러운 분위기가 감돕니다.

소재 : 라탄 환심 1.75㎜ (내추럴)

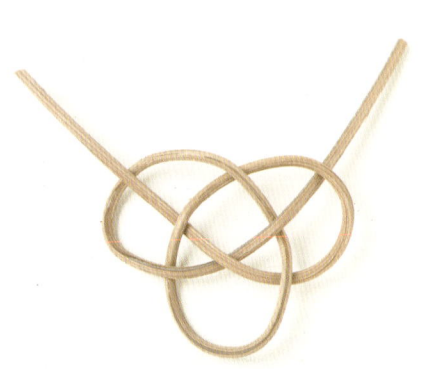

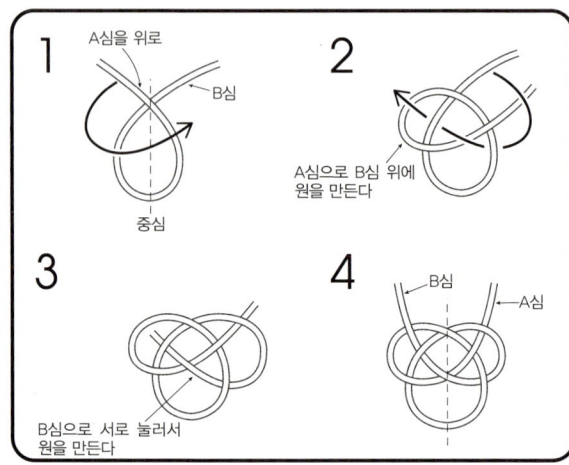

짜기

02 세로아와지 짜기

아와지 짜기를 세로로 연결한 기법입니다.
아와지 짜기의 양옆 테두리나 위아래 원의 크기 등을 바꾸면 또 다른 분위기가 느껴집니다.

소재 : 라탄 환심 1.75㎜ (노란색, 남색)

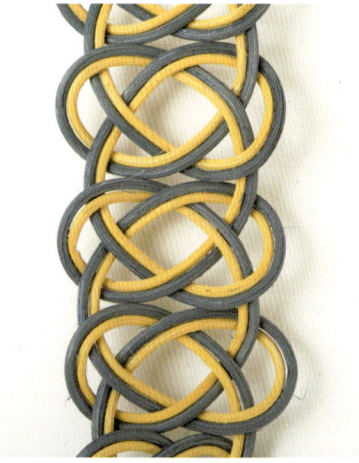

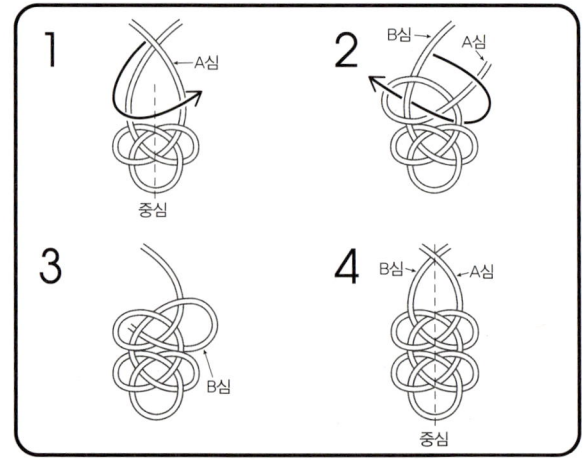

짜기

03 가로아와지 짜기

아와지 짜기를 가로로 연결한 기법입니다.
위아래에도 이어서 폭넓게 만들면 무늬가 커져서 태피스트리나 파티션 대신 쓸 수 있습니다.
소재 : 라탄 환심 1.5㎜ (노란색)

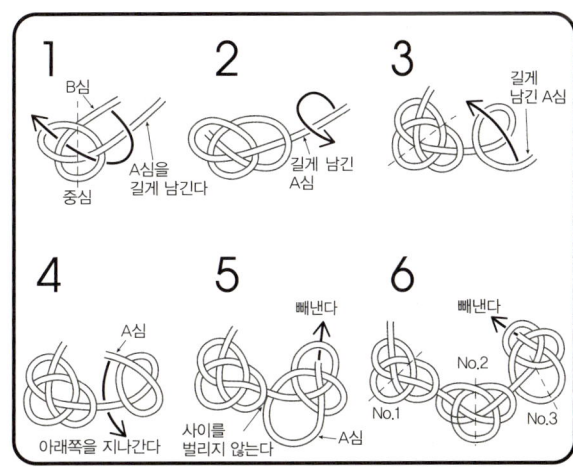

짜기

04 연속아와지 짜기

평면에 여러 개를 나란히 이어갈 때는 너비와 길이를 맞추면 깔끔해 보입니다.
소재 : 라탄 환심 1.5㎜ (회색)

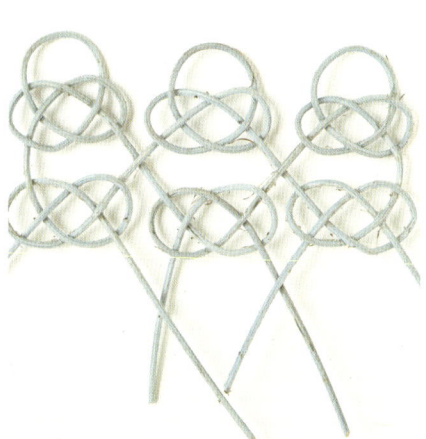
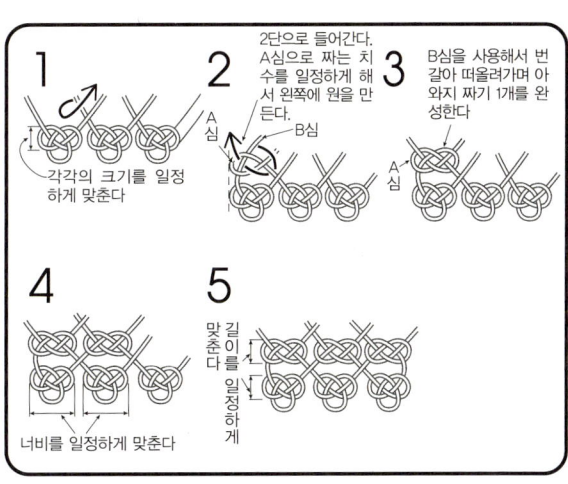

짜기

05 환심을 납작하게 해서 3줄짜기

'3줄땋기'라고도 하며 환심 3줄로 짜는 기법입니다.
폭을 늘리고 싶을 때는 환심 2줄을 합칩니다.
바구니 뚜껑의 스토퍼나 작은 바구니의 손잡이 등에 사용합니다.

소재 : 라탄 환심 2mm (노란색, 하늘색, 연두색)

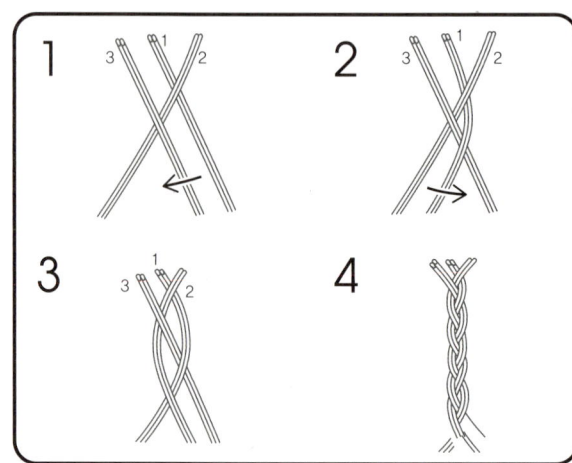

짜기

06 환심을 납작하게 해서 4줄짜기

'환심을 납작하게 해서 3줄짜기'에서 폭을 넓혀서 튼튼합니다.
테이프 같은 느낌이라서 강조 효과를 주고 싶을 때 사용합니다.

소재 : 라탄 환심 2mm (노란색, 하늘색, 연두색, 흰색)

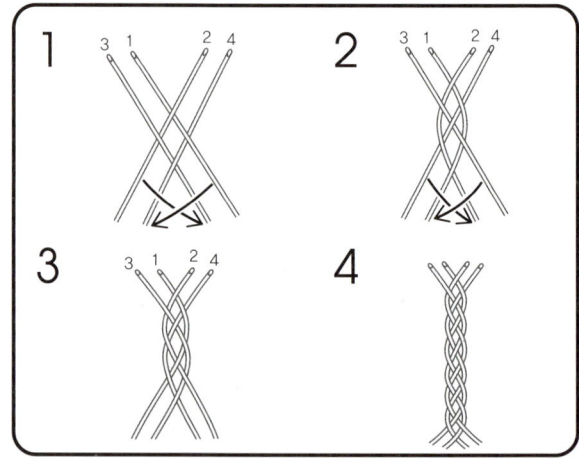

07 환심을 납작하게 해서 5줄짜기

'환심을 납작하게 해서 4줄짜기'보다 폭을 더 넓힌 기법입니다.

소재 : 라탄 환심 2.5㎜ (남색, 연두색, 하늘색, 흰색, 노란색)

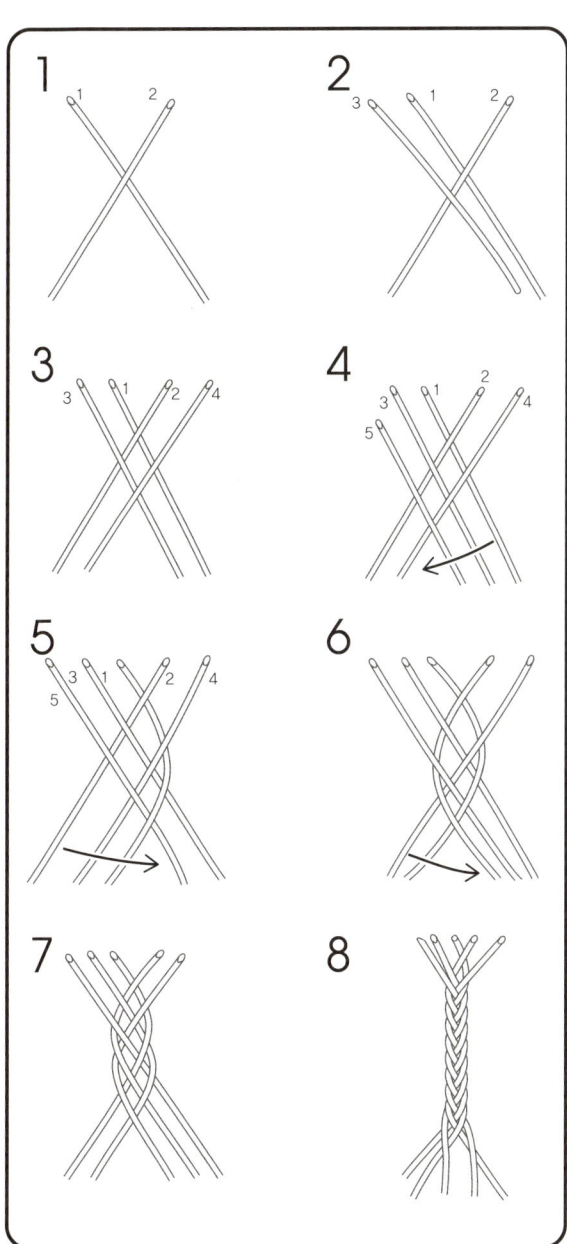

08 4줄 원형 짜기

환심 4줄을 짜서 둥근 끈으로 만드는 기법입니다.
가방 스토퍼나 바구니 손잡이 등에 사용하지만 잘 늘어나기 때문에 무게가 있는 물건을 매다는 끈으로 쓰기에는 그다지 적절하지 않습니다.

소재 : 라탄 환심 2.5mm (하늘색)

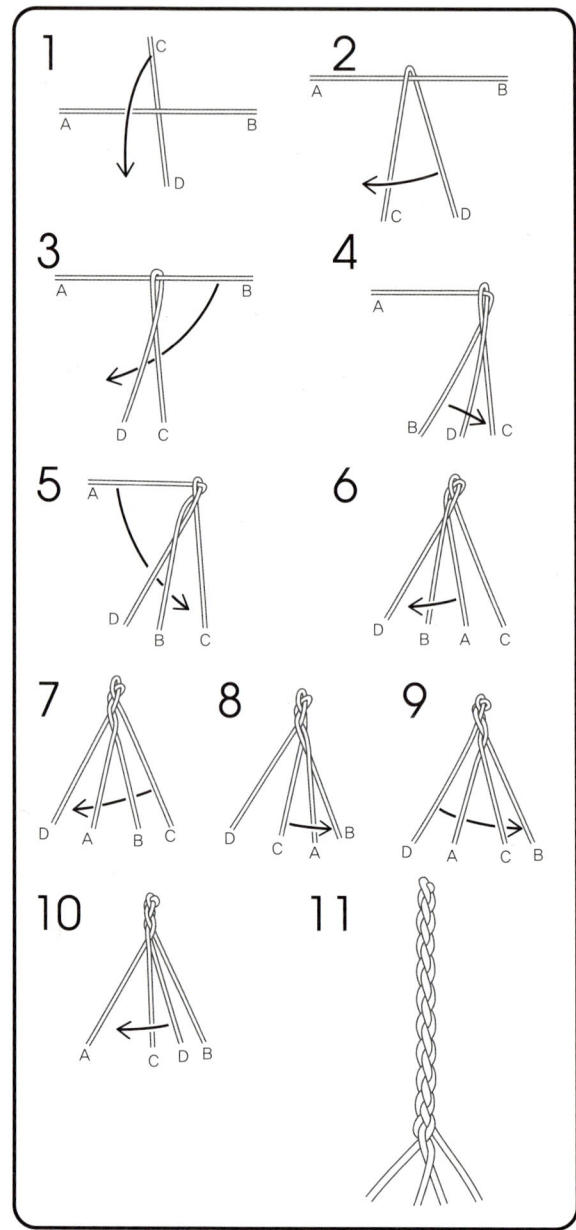

09 고둥 짜기

고둥처럼 뱅뱅 꼬인 모양입니다. 사진의 작품은 반딧불 관상용 바구니의 일부입니다.
반딧불을 넣으면 틈새에서 반딧불의 빛이 새어 나오는데, 매우 아름답습니다.

소재 : 밀짚 (밀짚색)

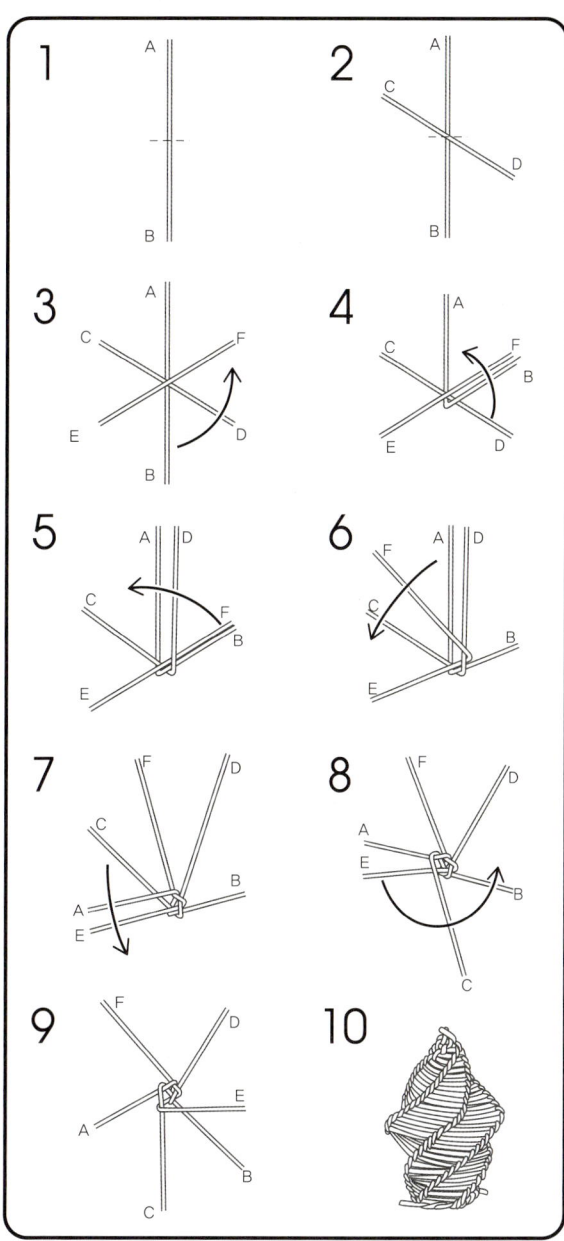

짜기

10 테 짜기

'테'는 나무통 둘레에 끼우는 대나무나 금속으로 만든 고리를 말합니다.
만드는 방법이 다양한데 여기에서는 피등 1줄로 만드는 방법을 소개합니다.
반지나 귀걸이 등의 액세서리로 완성해도 멋있습니다.

소재 : 피등 2mm (내추럴)

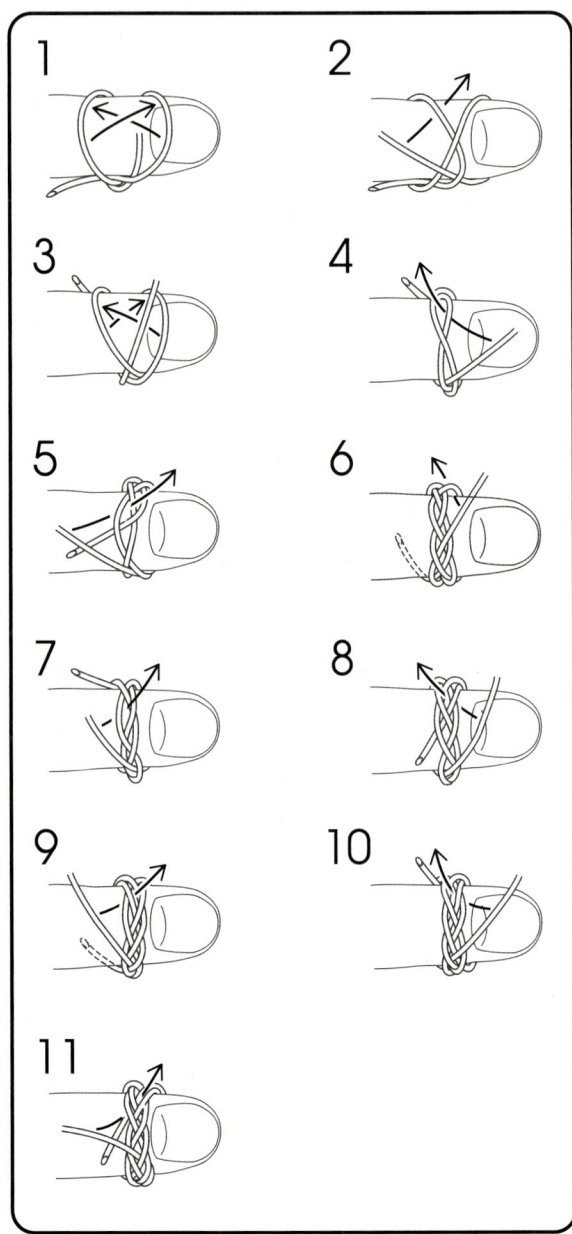

테 짜기로 만든 귀걸이
(참고 작품)

테 짜기로 만든 것에 귀걸이 부자재를 달기만 하면 완성입니다.

테 짜기로 만든 냅킨 링
(참고 작품)

테 짜기로 만든 것을 그대로 냅킨 링으로 이용할 수 있습니다.

짜기

11 교차고리 짜기

고리를 가로 방향으로 이어나가는 기법입니다.
원형에 가까운 고리 짜기를 하면 틈새가 생겨서 시원한 느낌이 들고 강조 효과도 줍니다.
얕은 과자 그릇의 테두리나 커다란 장바구니의 둘레에 장식으로 넣어도 멋집니다.

소재 : 라탄 환심 2mm (내추럴)

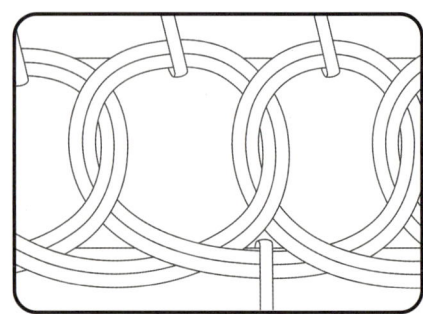

짜기

12 연속교차고리 짜기

'교차고리 짜기'가 2줄이나 3줄로 이어진 것을 '연속교차고리 짜기'라고 합니다.
유연한 소재를 사용하면 서로 휘감기고 잡아당기는 힘으로 모양에 변화를 줄 수 있습니다.

소재 : 헴프사 2mm

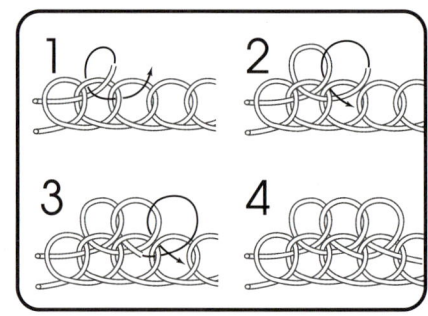

짜기

13 비틀어 짜기

'지네 짜기'라고도 합니다. 한쪽의 심만 사용해서 고리로 짜면 비틀어진 모양이 나타납니다.
길게 만들어서 조형적으로 사용하면 재미있습니다.

소재 : 라탄 환심 2mm (내추럴)

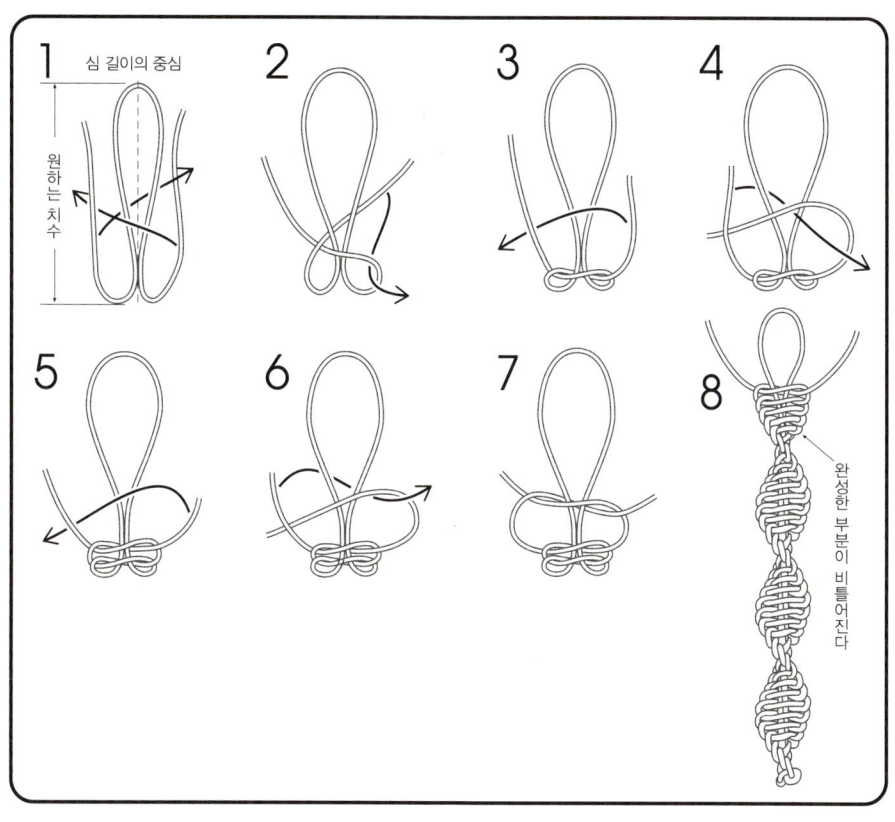

짜기

14 비늘 짜기

비늘무늬는 일본에서 예부터 사용해온 정삼각형 또는 이등변삼각형을 같은 방향으로 배열해서 물고기나 뱀의 비늘을 본뜬 것입니다. 바구니의 경우 같은 모양을 일정한 방향으로 배열하면서 짜는 것을 가리킵니다.

소재 : 라탄 환심 1.75mm (내추럴)

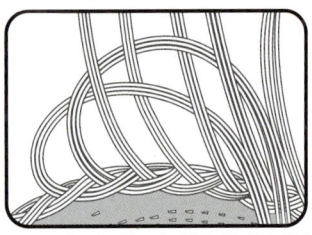

1 겉, 겉, 안, 겉, 안을 통과시켜서 앞으로 빼냅니다.

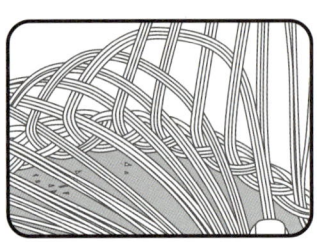

2 산 모양이 되도록 엮습니다.

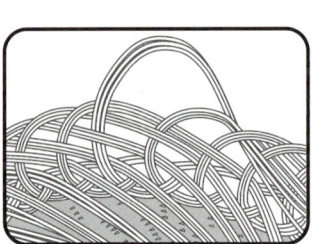

3 다 엮으면 마지막 심에 꽂아 넣습니다. 비늘 짜기의 방향이 바구니를 흐르듯이 아래쪽으로 향합니다.

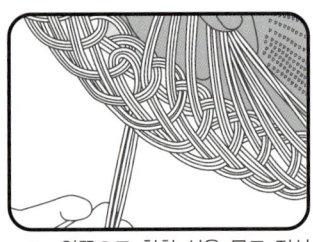

4 위쪽으로 향한 심을 물로 적신 후 비늘 짜기의 아래쪽에 넣습니다.

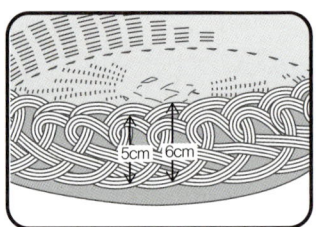

5 아래쪽으로 나온 심은 깔끔하게 잘라냅니다.

4 짜기 기법 / 비늘 짜기

비늘 짜기로 만든 과일 바구니
(참고 작품)

높이 부분을 아름다운 비늘 짜기로 완성한 과일 바구니입니다. 과자 그릇이나 소품함으로 사용해도 좋습니다.

짜기

15 구슬 짜기

최대한 길고 두께가 있는 피등으로 만드세요.
큼직하게 만들어서 마지막에 조금씩 안으로 끌어당겨 조이고 원하는 크기로 완성하는 것이 포인트입니다.
빨래집게로 군데군데 고정하면 쉽게 엮을 수 있습니다.

소재 : 피등

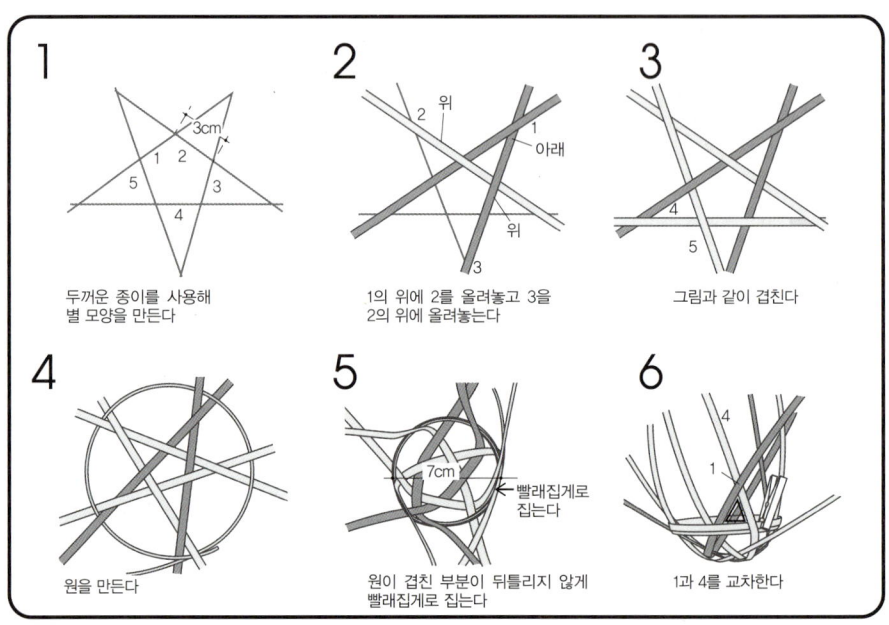

4 짜기 기법 / 구슬 짜기

7 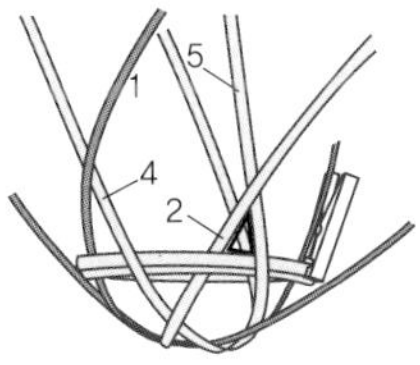 2와 5를 교차한다

8 1과 5를 교차한다

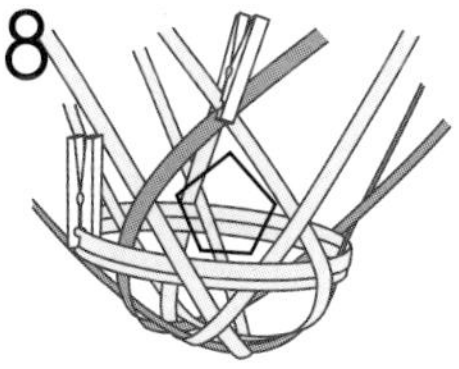

9 1과 3을 교차한다

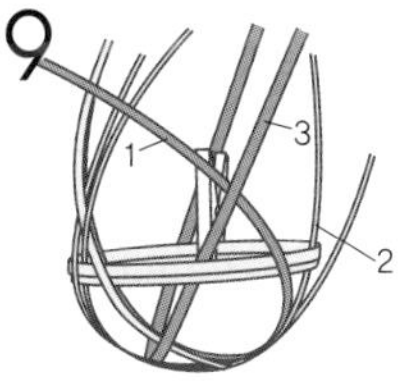

10 반원이 생긴다

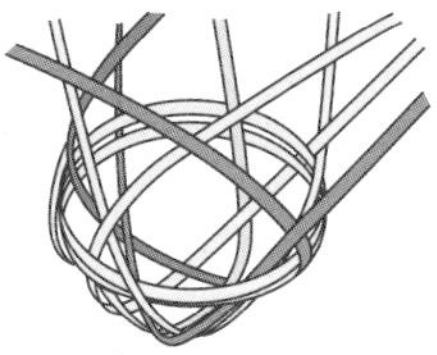

11 첫 번째 1을 좌우에서 연결해 접점을 만든다

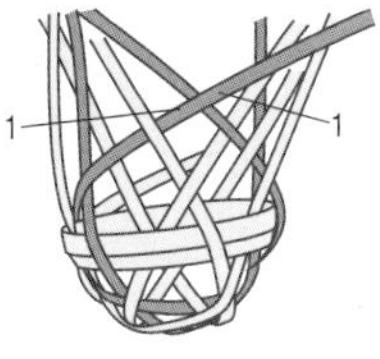

12 지름을 조금씩 조여서 두 번째 원을 만든다

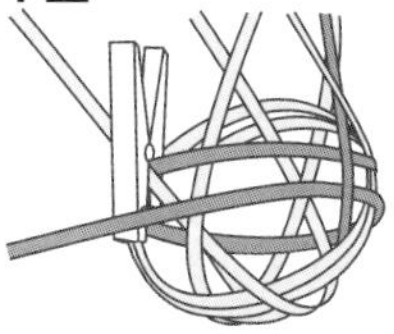

13 원을 2바퀴 돌린다

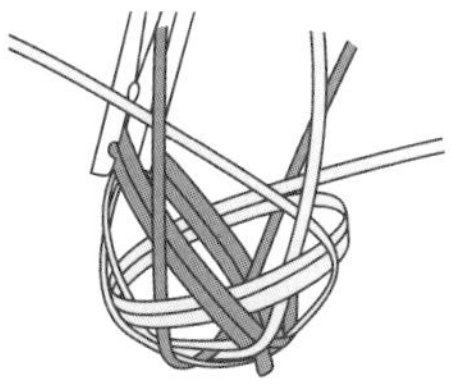

14 2를 잡고 3을 눌러서 오각형 1개를 만든다. 세 번째 원이 만들어진다.

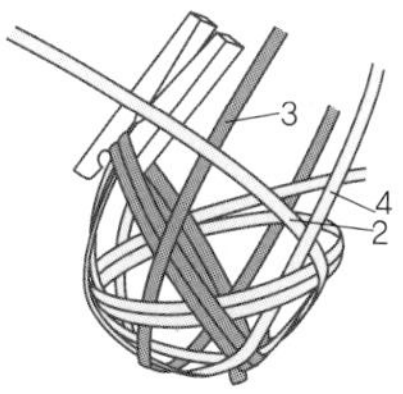

15 3과 4도 같은 방법으로 반복한다

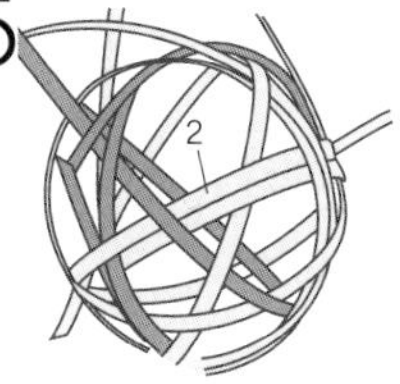

16 삼각형이 생긴다

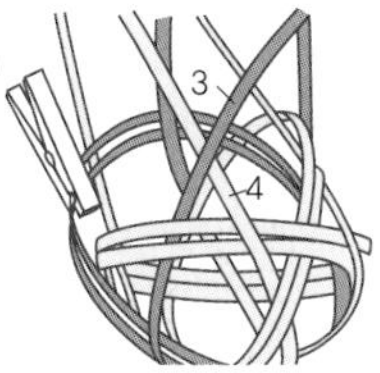

17 5의 심으로 끝난다. 여기부터 심을 조금씩 조여서 작게 만든다.

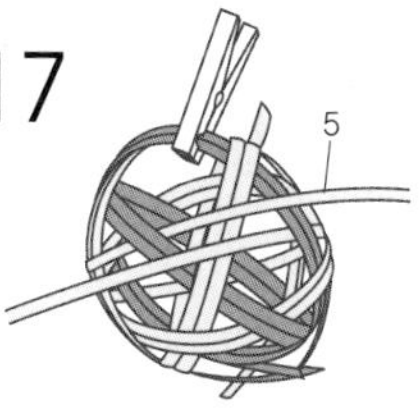

18 오각형 완성

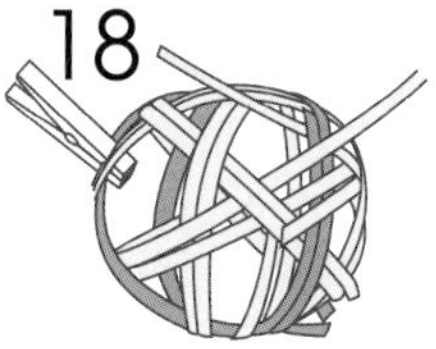

19 완성. 심을 조여서 원하는 크기로 만든다.

16 나비 짜기

아주 가는 1mm짜리 환심으로 만들면 레이스처럼 완성됩니다.
많이 만들어서 테이블 장식이나 태피스트리로 사용하세요.

소재 : 라탄 환심 1.5mm (분홍색)

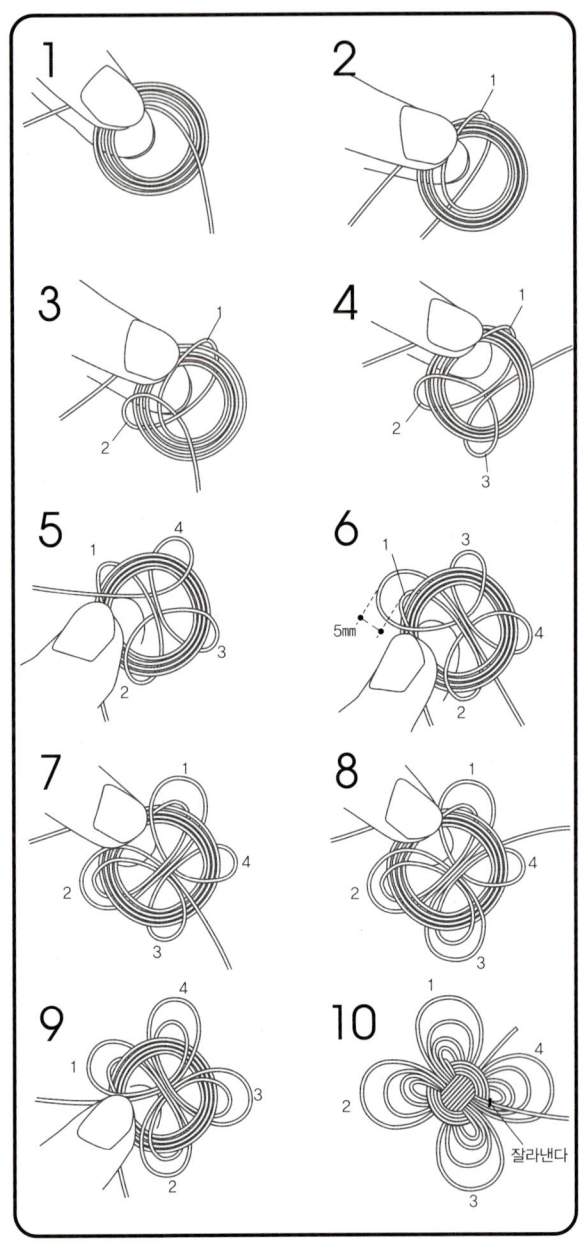

짜기

17 덩굴을 걸친 무늬 짜기

2겹짜기의 일종. 날대를 길게 해서 바구니 높이까지 엮은 후 아래쪽으로 다시 꺾어서 바닥에서 고정합니다.
바구니에 두께가 생깁니다.

소재 : 라탄 환심 1.75mm (갈색, 하늘색)

찌기

18 교차사방 짜기

심 4줄을 엇걸어서 엮어나가는 기법입니다.
원 모양으로 엮기 시작해 그릇 모양으로 만들어도 좋고 모자로 만들어도 귀엽습니다.
막대 모양으로 심을 엮을 칸을 만들어서 창가에 걸어두고 스크린처럼 사용하면 시원한 느낌이 드는 인테리어를 연출할 수 있습니다.

소재 : 피등 3mm (갈색)

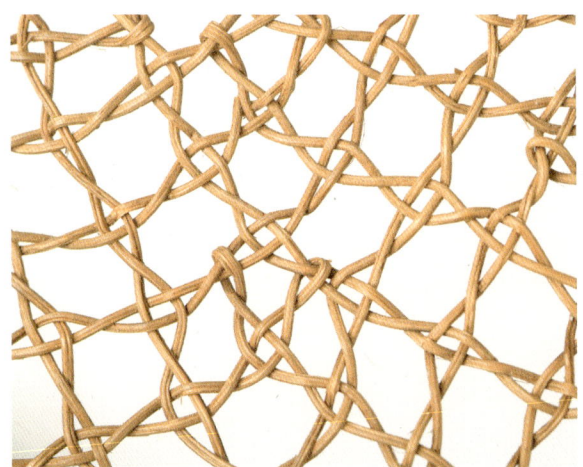 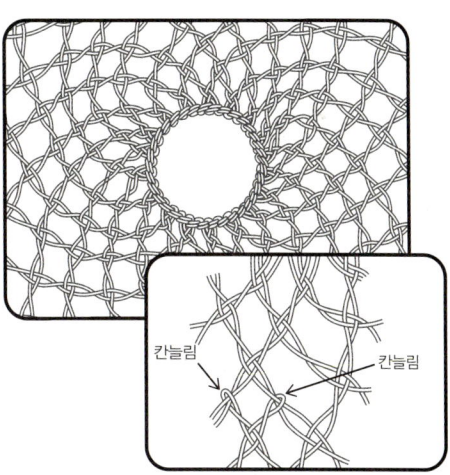

4 짜기 기법

여러 가지 짜기 기법을 이용해
만든 코스터
(참고 작품)

짜기와 매듭을 응용해서 만든 코스터.

5

'감기' 기법

아름다운데다 튼튼하기까지

'감기' 기법은 크게 세 종류로 분류할 수 있습니다.

첫 번째는 테두리 마무르기처럼 똑같은 소재나 다른 소재의 위를 감는 방법입니다. 이 방법은 감기에 따라 내구성을 높일 뿐만 아니라 색을 더해서 무늬를 표현하거나 작품의 장식으로도 역할을 다합니다.

두 번째는 '8자 감기'나 'T자 마무르기'처럼 의자나 테이블 등의 '부분 감기'로 사용하는 기법입니다.

세 번째는 부드러운 감기 소재와 감기 소재보다 더 강하고 반발력이 있는 심을 조합한 방법입니다.

이 책에서 '엮기' 기법에 포함한 '뚜렷한 줄무늬엮기'(P. 40)가 '감아엮기'라고도 분류되어 이 세 번째 기법에 포함되기도 합니다.

감기

01 얼룩줄무늬 감기

기초 무늬입니다.
두 가지 색의 피등은 동시에 2줄을 합쳐서 감습니다.
색의 진하고 연한 정도 차이가 뚜렷할수록 과감하고 개성적인 무늬가 나타납니다.

소재 : 피등 3mm (갈색, 내추럴)

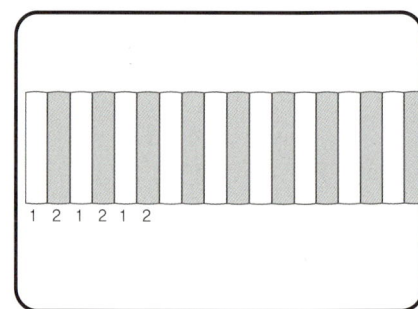

감기

02 줄 넣어 감기 1단

'사선교차줄무늬 휘갑치기'(P. 170)나 '뱀뱃살무늬 휘갑치기'(P. 173) 등의 휘갑치기 토대로서 먼저 '줄 넣어 감기 1단'을 만듭니다.
2칸 건너 1칸씩 아래쪽 공간을 떠올려서 엮어나갑니다.

소재 : 피등 3mm (갈색)

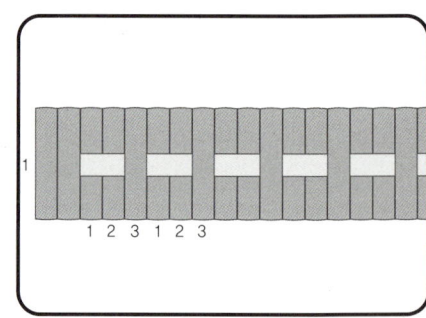

감기
03 심 감기

토대의 심이 굵거나 잘 미끄러질 때 가운데의 가로 방향 심을 고정하기 위한 기법입니다. 질주전자의 손잡이에 사용하기도 합니다.

소재 : 피등 3mm (내추럴, 갈색)

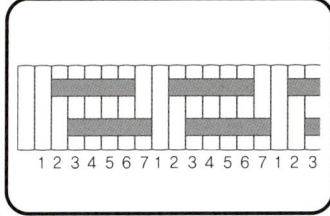

감기
04 마름모 감기 1단

아래쪽 토대가 보이게 감는 기법입니다. 옛날에는 칼자루 부분 등에 쓰이는 경우가 많았습니다.

소재 : 피등 3mm (내추럴)

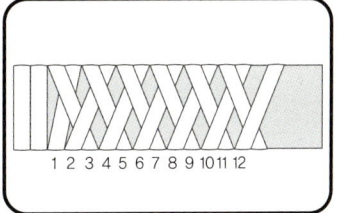

감기
05 화살깃무늬 부분 감기

군데군데를 화살깃무늬로 만든 기법. 의자 팔걸이, 질주전자 손잡이, 바구니의 무늬 엮기 등에 사용합니다.

소재 : 피등 3mm (내추럴)

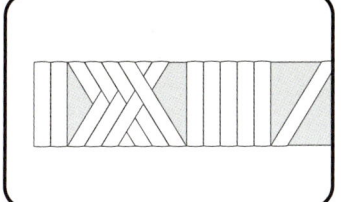

감기
06 애벌레 감기 1단

질주전자의 손잡이 부분에 감긴 것을 가장 많이 볼 수 있습니다. 손에 들었을 때 잘 미끄러지지 않습니다. 바구니나 액세서리의 일부에도 강조 효과를 주기 위해 사용합니다.

피등 3mm (내추럴)

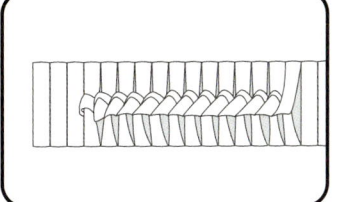

감기

07 부등호무늬 감기

이 기법도 질주전자 손잡이에서 흔히 볼 수 있습니다. 중심이 솟아올라서 부피감이 느껴집니다. 팔찌나 가방 손잡이의 포인트로도 사용합니다.

소재 : 피등 3mm (내추럴)

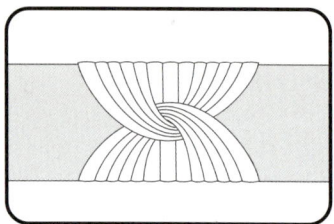

감기

08 나비 감기

'부등호무늬 감기'의 둘레를 한층 크게 감은 방법입니다.
과감하며 박력이 넘칩니다.

소재 : 피등 2mm (갈색, 내추럴)

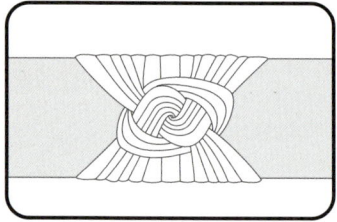

감기

09 칸무늬 감기

가로줄이 7단, 7회 감아서 무늬 1개를 만듭니다.
감을 때는 자신에게 가까운 쪽에서 먼 쪽으로 감습니다.

소재 : 피등 3mm (내추럴, 갈색)

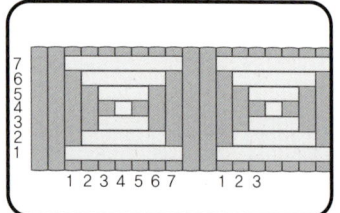

감기

10 바둑판무늬 감기

기본은 2색으로 엮는데 호두나무 껍질의 경우처럼 안쪽과 겉쪽으로 구분되게 엮기도 합니다. 사진의 '바둑판무늬 감기'는 가로줄이 6단, 4회 감아서 무늬 1개를 만들었습니다.

소재 : 피등 3mm (내추럴, 갈색)

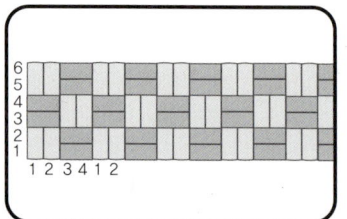

감기

11 조록나무가지 감기A

조록나무는 잘 휘는 소재이며 섬유를 꼬았다가 푼 후에 갓쇼즈쿠리[일본의 전통적인 주택 건축양식 -옮긴이]의 결속재로 쓰기도 했습니다.

소재 : 피등 3mm (내추럴)

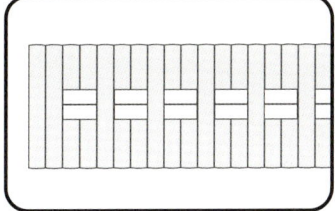

12 조록나무가지 감기B

'조록나무가지 감기A'보다 옆 칸과의 간격이 넓은 유형입니다. 간격이 넓어서 A보다 넉넉한 큰 무늬를 만들 때 사용합니다.

소재 : 피등 3mm (내추럴)

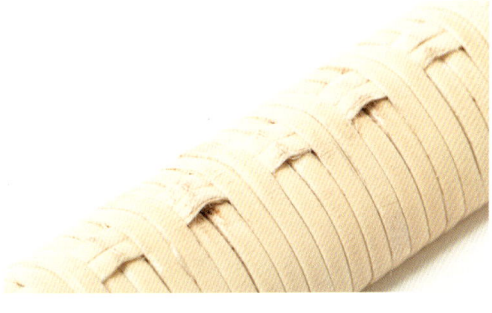

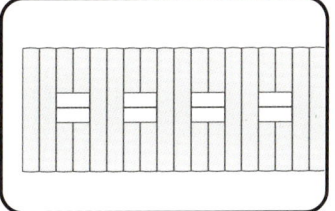

13 뚜렷한 비늘 감기

어살엮기에도 '비늘무늬'(P. 74)가 있는데, '뚜렷한 비늘 감기'는 가로줄이 5단, 9회 감아서 무늬 1개를 만듭니다.

소재 : 피등 3mm (내추럴, 갈색)

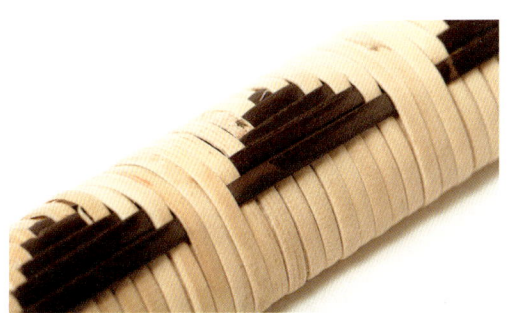

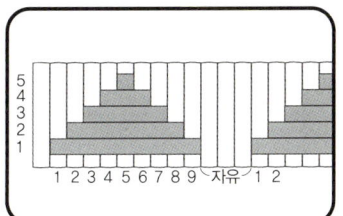

14 꽃사슴털무늬 감기

가로줄이 7단, 12회 감아서 무늬 1개를 만듭니다. 무늬가 크기 때문에 폭이 넓은 부분의 무늬엮기에 사용하는 경우가 많습니다.

소재 : 피등 3mm (갈색, 내추럴)

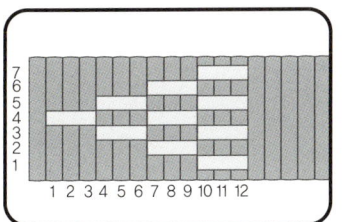

감기

15 뚜렷한 마름모 감기A

직사각형의 마름모 모양으로 무늬를 만들어가는 기법입니다. 사진의 '뚜렷한 마름모 감기A'는 가로줄이 6단, 9회 감아서 무늬 1개를 만듭니다.

소재 : 피등 3mm (내추럴, 갈색)

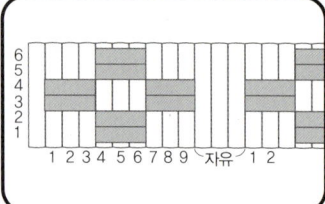

16 뚜렷한 마름모 감기B

가로로 긴 마름모를 만들어가는 기법입니다. 사진의 '뚜렷한 마름모 감기B'는 가로줄이 7단, 15회 감아서 무늬 1개를 만듭니다.

소재 : 피등 3mm (내추럴, 갈색)

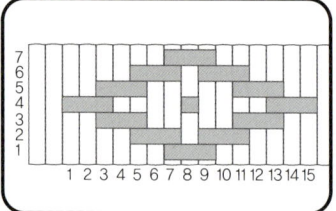

17 한쪽으로 비스듬한 사선교차줄무늬 감기

'한쪽으로 비스듬한 나뭇결무늬 감기'(P. 148)와 비슷하지만 무늬가 하나씩 나뉘어 있습니다. 흐름무늬가 작아서 귀여워 보입니다.

소재 : 피등 3mm (갈색, 내추럴)

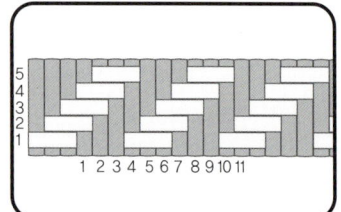

18 X자 감기

'한쪽으로 비스듬하게 감기'를 한 줄 더 교차시켜서 강화한 기법입니다. 심 간격이 5cm 이상일 경우에는 'X자흐름 감기'라고 합니다.

소재 : 피등 3mm (내추럴)

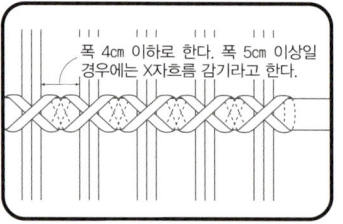

감기

19 물떼새무늬 감기

물떼새가 대열을 형성해 날아가는 듯한 역동적인 무늬이며 일본에서 오래전부터 전해져오는 무늬 중 하나입니다.
사진의 '물떼새무늬 감기'는 가로줄이 7단, 16회 감아서 무늬 1개를 만듭니다.

소재 : 피등 3mm (내추럴, 갈색)

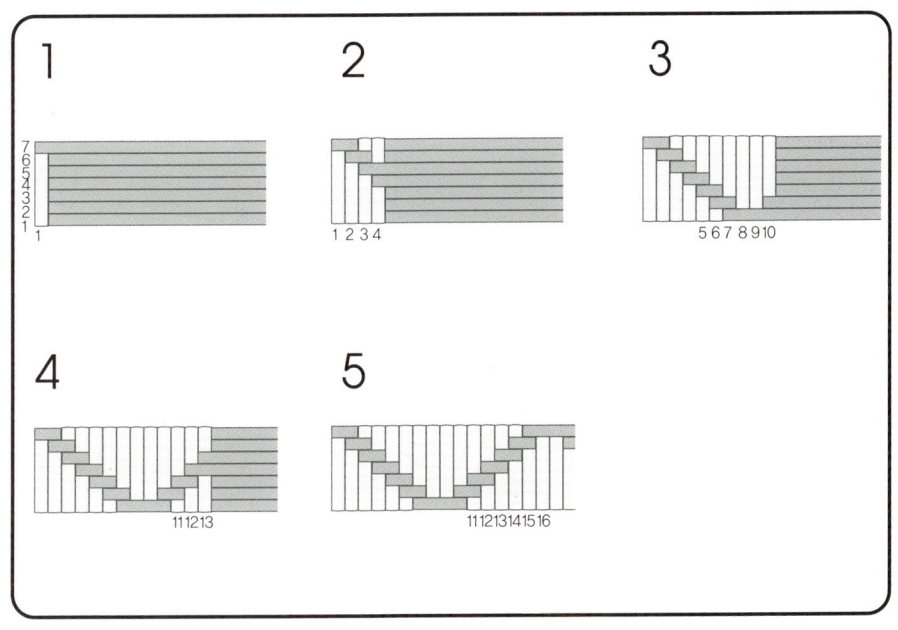

20 한쪽으로 비스듬한 나뭇결무늬 감기

사진의 '한쪽으로 비스듬한 나뭇결무늬 감기'는 가로줄이 7단, 12회 감아서 무늬 1개를 만들었습니다.
무늬를 나타내는 방법이 간단해서 어떤 무늬에나 응용할 수 있습니다.

소재 : 피등 3mm (갈색, 내추럴)

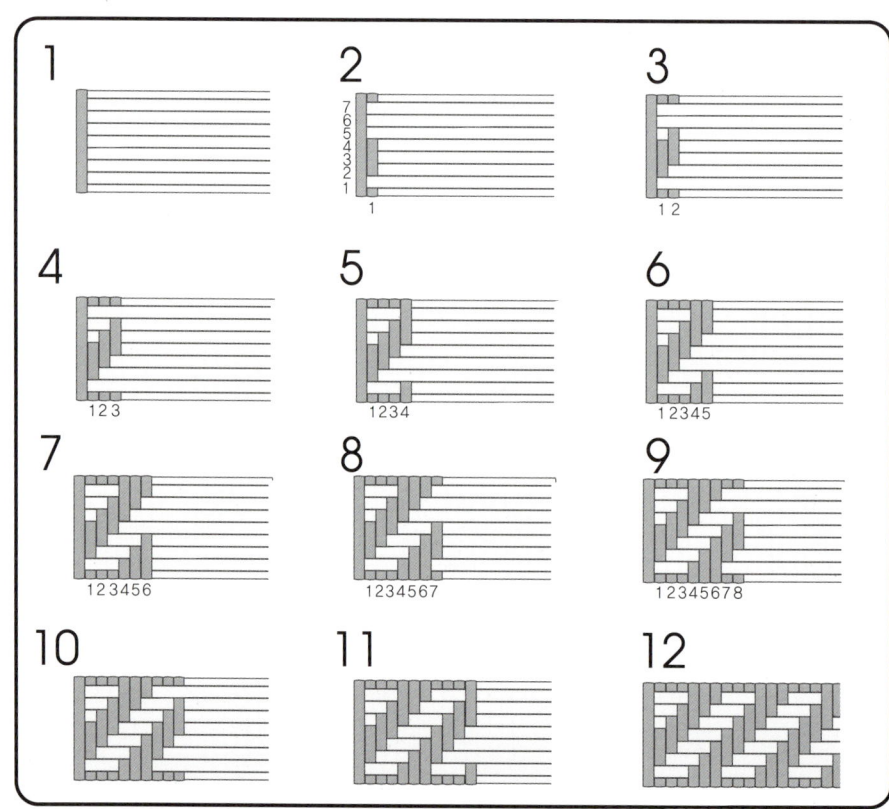

감기

21 X무늬 감기

사진의 'X무늬 감기'는 가로줄이 7단, 9회 감아서 무늬 1개를 만들었습니다.

소재 : 피등 2㎜ (갈색, 내추럴)

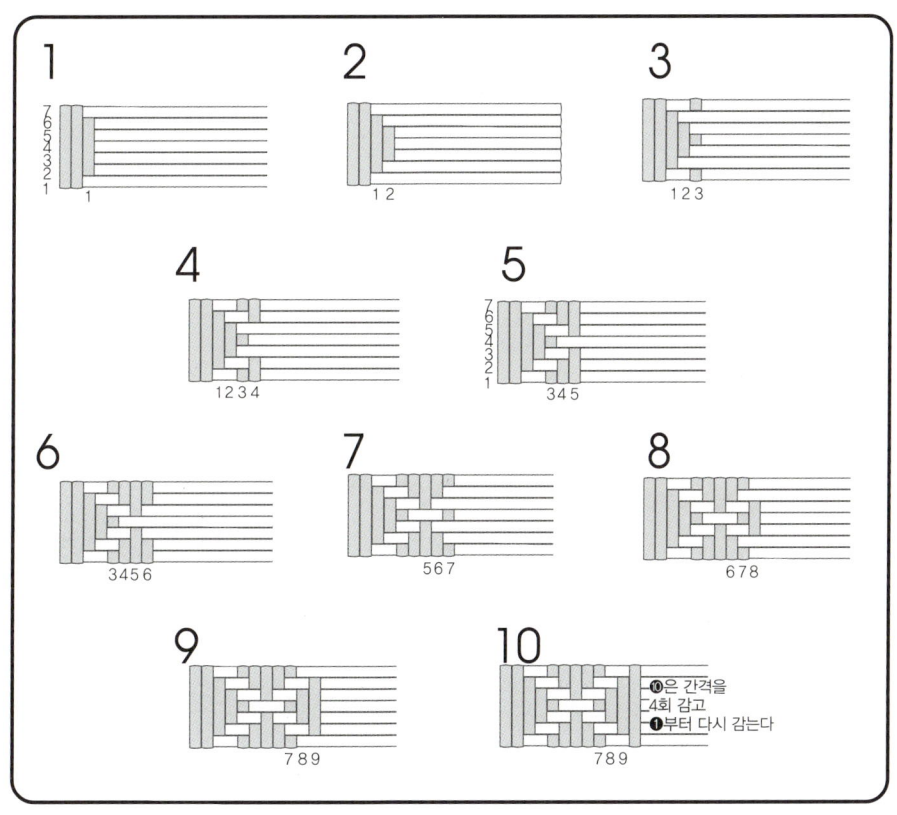

❿은 간격을
C4회 감고
❶부터 다시 감는다

22 화살깃무늬 감기

사진의 '화살깃무늬 감기'는 가로줄이 7단, 6회 감아서 무늬 1개를 만들었습니다.
단순하지만 율동감이 있어서 어떤 물건에나 응용할 수 있는 디자인입니다.

소재 : 피등 2㎜ (갈색, 내추럴)

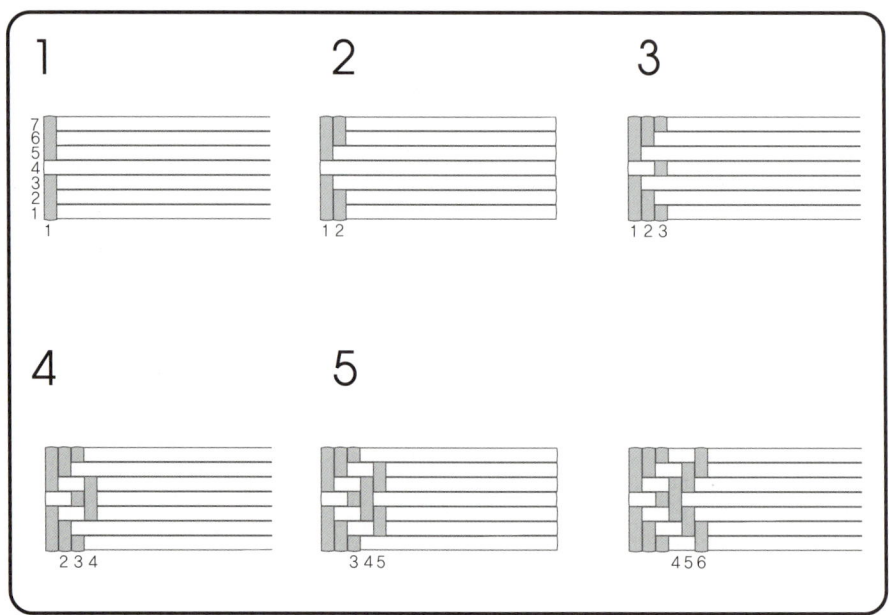

감기

23   연속비늘 감기

'뚜렷한 비늘 감기'(P. 145)가 가로 방향으로 이어져서 비늘 모양 2개가 마주 보는 무늬입니다. 사진의 '연속비늘 감기'는 가로줄이 7단, 7회 감아서 무늬 1개를 만들었습니다. 중심이 이어져서 독특한 무늬로 보입니다.

소재 : 피등 3mm (갈색, 내추럴)

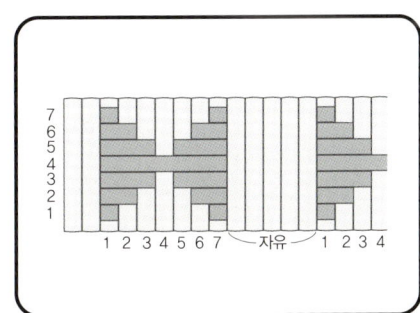

감기

24   세 비늘 감기

비늘 3개가 아래-위-아래 순으로 배치된 무늬입니다. 사진의 '세 비늘 감기'는 가로줄이 6단, 13회 감아서 무늬 1개를 만들었습니다. 무늬가 규칙적이어서 의자 팔걸이 부분에 자주 사용합니다.

소재 : 피등 2mm (갈색, 내추럴)

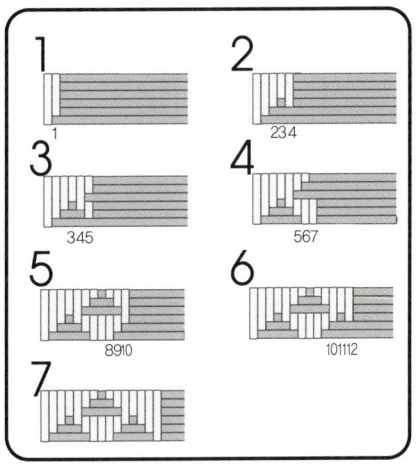

감기

25 의자의 T자 마무르기

의자 틀에서 가로와 세로의 중요한 접점을 T자형으로 감는 기법입니다.
이 마무르기 기법을 사용하면 매우 튼튼해집니다.

소재 : 피등 3mm (내추럴)

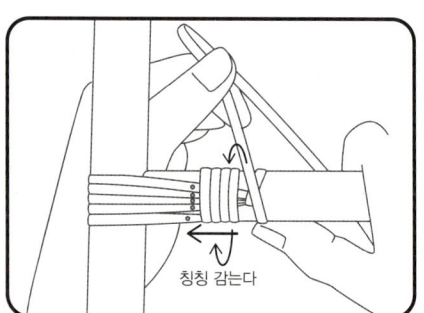

감기

26 의자의 8자로 감아 마무르기

의자 다리의 뒤얽힌 부분을 감는 기법 중 하나입니다.
8자 모양으로 감아서 헐거워지지 않게 합니다. 외관이 아름답다는 특징이 있습니다.

소재 : 피등 5mm (내추럴)

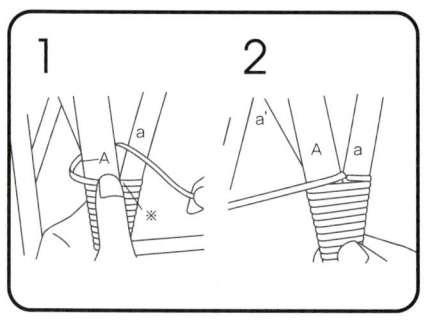

5 감기 기법 / 의자의 T자 마무리 · 의자의 8자로 감아 마무리

6

'매듭' 기법

목적에 따라 다양한 기법이 있다

'매듭' 기법은 목적이 확실합니다.

'결절법'은 '한매듭', '마름모매듭', '정자매듭'처럼 라탄의 일부분에 매듭을 만들어서 스토퍼나 매듭이 풀리지 않게 하는 것이 주요 목적입니다.

'결합법'은 라탄과 라탄, 또는 라탄과 다른 소재를 이을 때 쓰이는 기법입니다. '접친매듭', '옭매듭' 등이 이 결합법에 해당합니다.

라탄을 고정하거나 막대 모양으로 묶을 때, 또는 매달 때 쓰이는 '결착법'에는 '종달새머리매듭', '슷코素古매듭' 등이 있습니다.

라탄 자체로 묶는 '결절법'은 느슨해진 라탄을 조이거나 약한 부분을 강화하기 위해 사용하기도 합니다. '다슬기매듭', '석가매듭'이 해당합니다.

그 외에도 장식용 무늬로 쓰이는 '호랑나비매듭', '거북매듭', '잠자리매듭' 등이 있습니다.

01 접친매듭

매듭 크기가 작고 잘 풀리지 않는 기법입니다. 잘게 찢어지지 않는 섬유를 이어 합치기도 합니다.
가방 손잡이 부분을 안쪽에서 묶을 때 등에 사용합니다.

소재 : 라탄 환심 2mm (흰색)

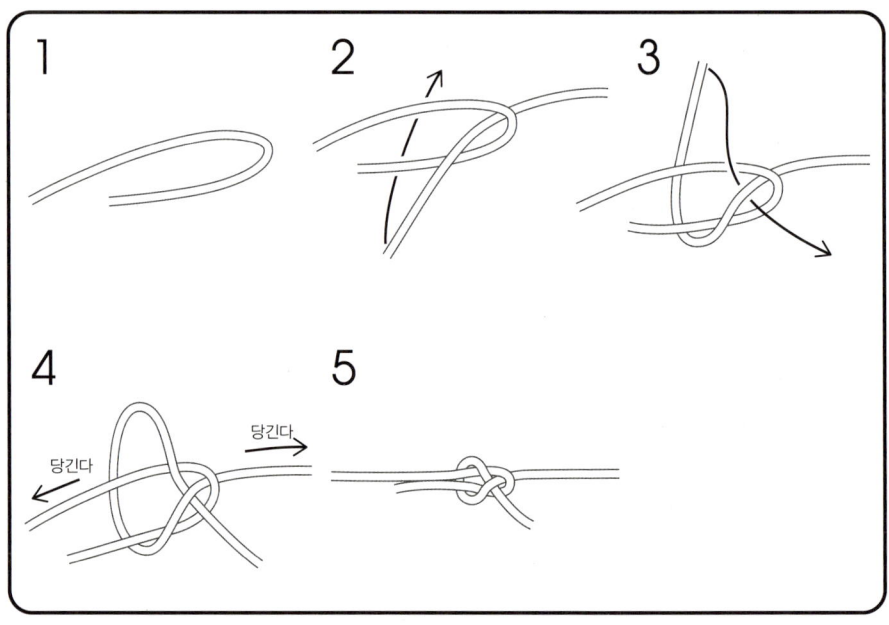

매듭
02 옭매듭

보자기를 묶을 때 사용하는 기법입니다. 먼저 가볍게 묶어서 모양을 잡은 후에 다시 한번 꽉 묶습니다.

소재 : 라탄 환심 1.5mm (남색, 흰색)

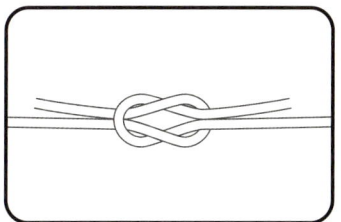

매듭
03 종달새머리매듭

영어로도 'Lark's Head'라고 합니다. 쉽게 묶을 수 있고 튼튼해서 일반적으로는 로프 등을 심에 동여맬 때 흔히 사용합니다.

소재 : 라탄 환심 2mm (흰색)

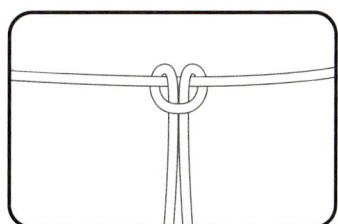

매듭
04 한매듭

'돌려묶기'라고도 하며 세계에서 가장 오래된 매듭이라고 합니다. 두 겹으로 하면 한층 더 튼튼해집니다.

소재 : 라탄 환심 1.5mm (남색)

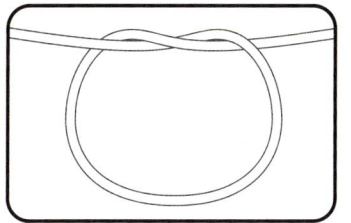

매듭
05 정자매듭

바둑판처럼 보여서 '바둑판매듭'이라고도 합니다. 끈 2줄을 교차시켜서 엮습니다. 1단마다 왼쪽 돌리기, 오른쪽 돌리기를 반복하면 사각기둥이 만들어집니다.

소재 : 라탄 평심 3.5mm (흰색, 남색)

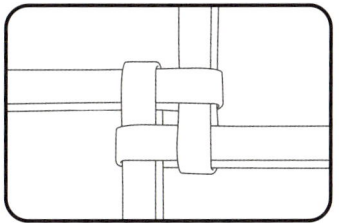

매듭
06 삼각형매듭

매듭을 지으면 삼각형이 됩니다. 작은 상자 등의 끈을 묶는 방법 중 하나입니다.

소재 : 라탄 평심 4mm (흰색, 남색)

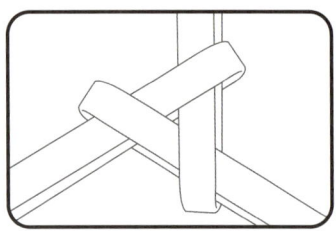

매듭
07 숫코매듭

숫코素古매듭은 라탄을 고정하고 싶을 때 사용하는 매듭입니다.

소재 : 라탄 환심 2mm (연두색)

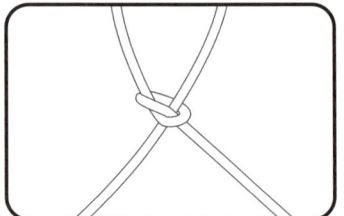

매듭
08 다슬기매듭

묶은 모양이 고둥의 일종인 다슬기를 닮았습니다. 한 번 묶은 라탄 등의 느슨해진 부분을 조이거나 약한 부분을 강화하기 위해 사용합니다. 전부 안쪽에서 처리합니다.

소재 : 라탄 환심 2mm (흰색)

매듭
09 거북매듭

납작하게 묶은 모양이 거북이를 닮아서 이런 이름이 붙었습니다. 예부터 학과 함께 경사스러운 일 등에 사용합니다.

소재 : 라탄 환심 1.5mm (분홍색)

10 작은사각무늬매듭

영어로는 'God's eye'라고도 합니다. 미국인들에게 전해 내려오는 액막이 매듭이기도 합니다.
프레임 바구니의 틀 접점을 고정할 때 자주 사용합니다. 디자인적으로도 아름답고 튼튼합니다.

소재 : 라탄 평심 4mm (남색)

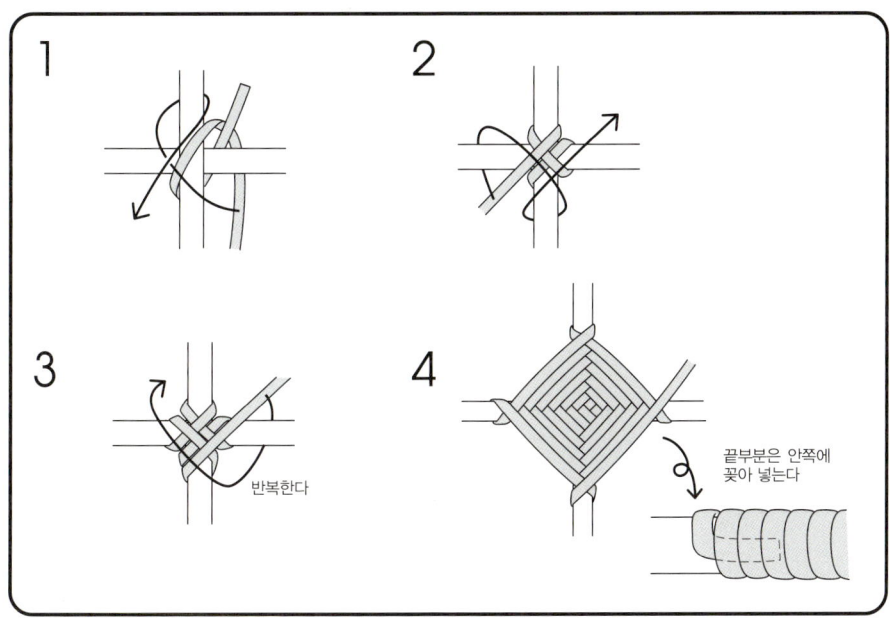

11 구슬매듭

매듭 중에서도 예부터 전해오는 매듭입니다. 짜기 기법의 '아와지 짜기'(P. 122)가 기본입니다.
포인트 장식이나 액세서리, 데마리[둥글게 만든 면 위에 색실을 감아 만든 공. 일본 전통놀이 중 하나.—옮긴이] 등 여러 방면에 활용합니다.

소재 : 라탄 환심 2mm (흰색)

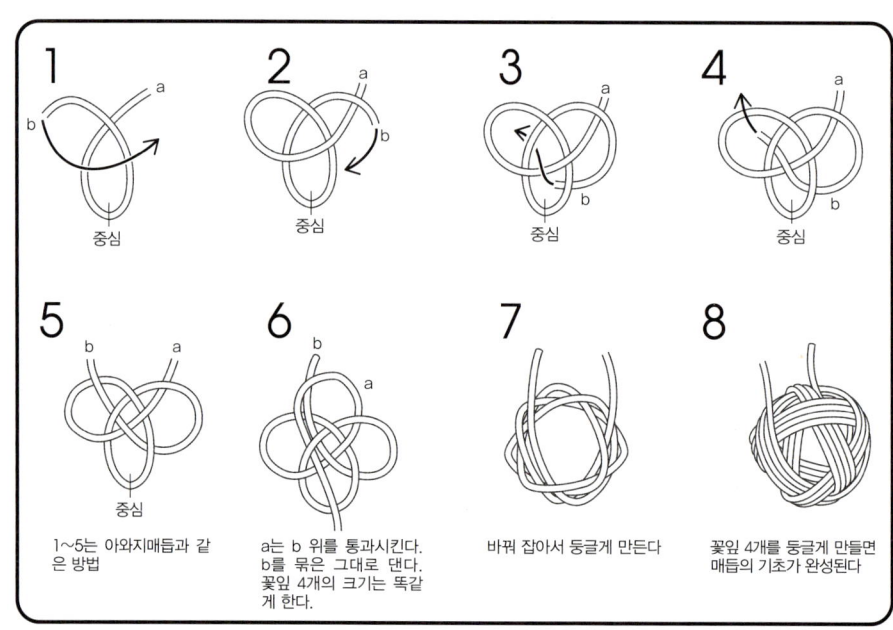

1

2

3

4

중심

중심

중심

중심

5

6

7

8

중심

1~5는 아와지매듭과 같은 방법

a는 b 위를 통과시킨다. b를 묶은 그대로 댄다. 꽃잎 4개의 크기는 똑같게 한다.

바꿔 잡아서 둥글게 만든다

꽃잎 4개를 둥글게 만들면 매듭의 기초가 완성된다

12 호랑나비매듭

'짜기' 기법을 활용한 매듭입니다.
날개의 간격을 넓히거나 더듬이를 길게 만드는 등 다양하게 응용해보세요.
부드럽고 가는(환심 1.5mm 이하) 소재를 사용하면 예쁘게 완성됩니다.

소재 : 라탄 환심 1.5mm (분홍색)

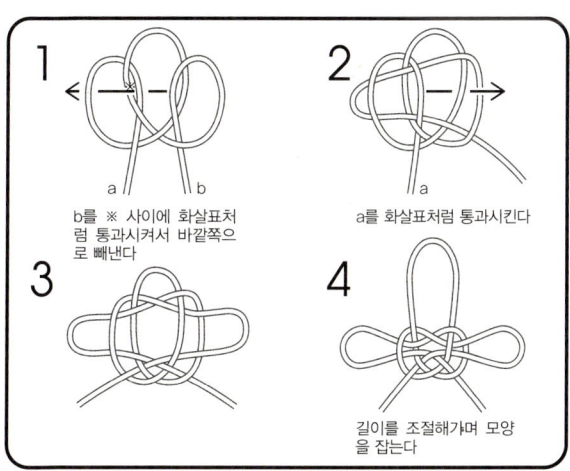

1. b를 ※ 사이에 화살표처럼 통과시켜서 바깥쪽으로 빼낸다
2. a를 화살표처럼 통과시킨다
3.
4. 길이를 조절해가며 모양을 잡는다

13 이슬매듭

끈 2줄을 작은 매듭으로 묶는 방법입니다.
매듭을 연결하면 끈 2줄이 굵은 끈 1줄이 됩니다.
동양 매듭의 기본적인 매듭법이며 색을 더해서 다양하게 변형할 수 있습니다.

소재 : 라탄 환심 1.5mm (연두색)

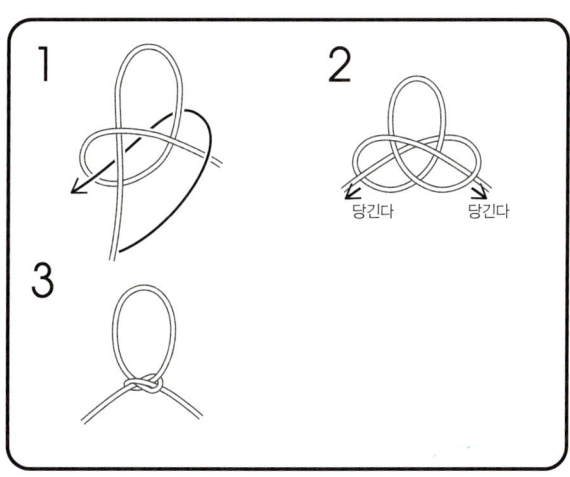

1.
2. 당긴다 당긴다
3.

14 칠보매듭

벨트나 팔찌 등 납작한 끈을 엮을 때는 사릿대의 줄수를 늘립니다.
성기게 엮으면 예쁜 레이스 같은 무늬가 생겨서 태피스트리로도 완성할 수 있습니다.
라탄을 사용할 때는 부드러운 유형을 선택하세요.

소재 : 라탄 환심 1.25mm (내추럴)

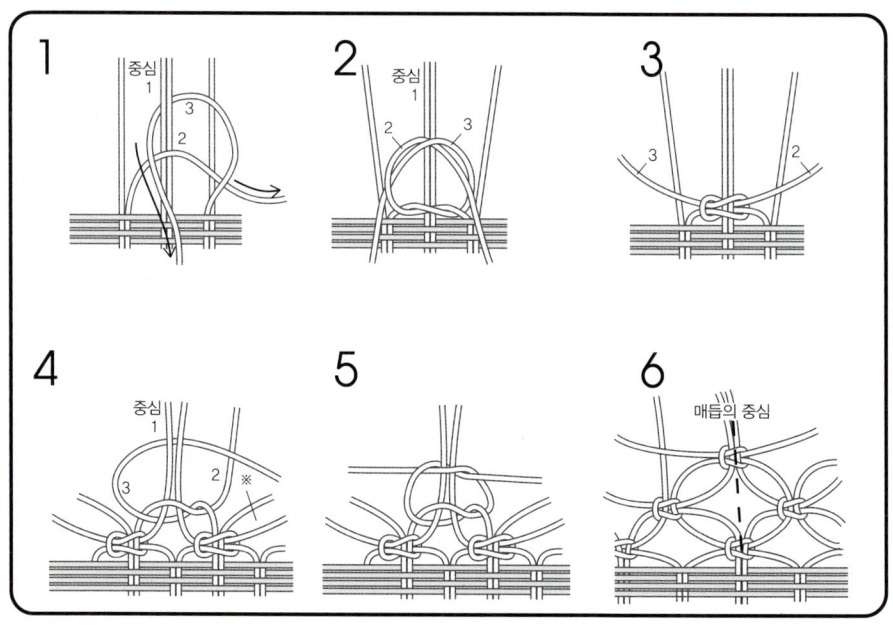

15 화만매듭

'화만'은 원래 꽃을 실로 이어서 고리로 묶은 장신구를 말합니다.
이를 불교에서 도입해 불전을 장식하는 의례 도구가 되었습니다.
부처의 힘으로 평생 행복으로 인도한다는 가르침이 있는 매듭법입니다.

소재 : 라탄 환심 1.25mm (분홍색)

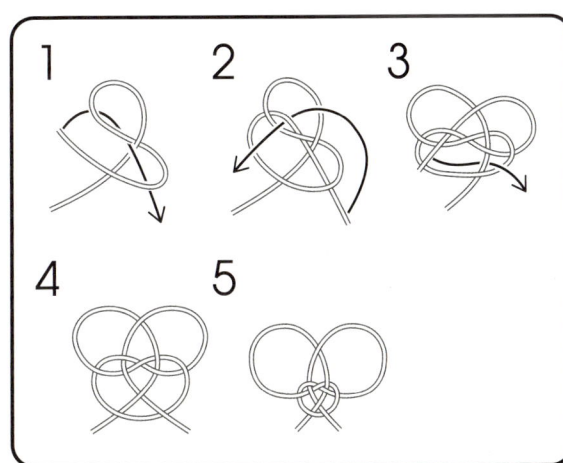

16 잠자리매듭

잠자리가 날개를 펼친 모양과 닮아서 이런 이름이 붙었습니다.
잠자리는 사방을 내다보는 눈이 있어 미래를 볼 수 있는 존재로 여겨지므로 행운을 비는 물건에도 사용됩니다.

소재 : 라탄 환심 1.25mm (분홍색)

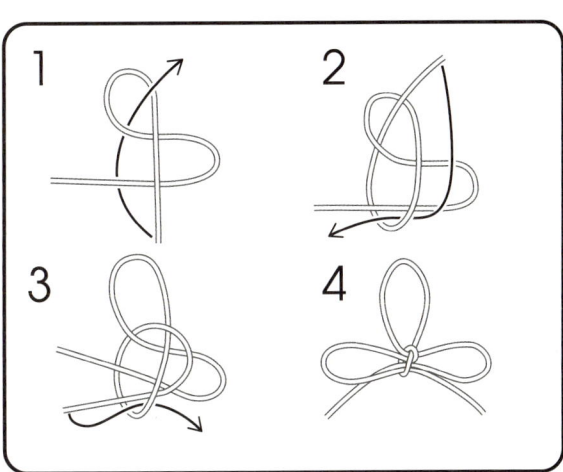

17 석가매듭

매듭이 석가모니의 머리 모양을 닮아서 이런 이름이 붙었습니다.
둥글게 매듭지어 단추처럼 사용합니다.

소재 : 라탄 환심 1.5㎜ (흰색)

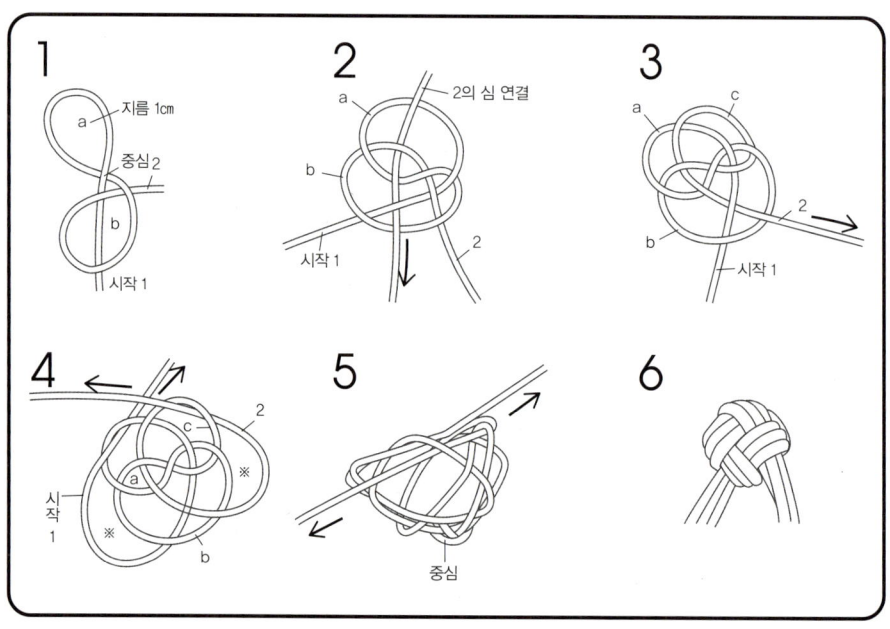

매듭

18 꽃매듭

꽃잎이 6장인 꽃을 본뜬 매듭법입니다.
평심이든 환심이든 어느 것을 사용해도 사랑스럽게 완성됩니다.
부피감이 있어서 강조 효과용으로 더해주면 두드러져 보입니다.

소재 : 피등 3.5㎜ (내추럴)

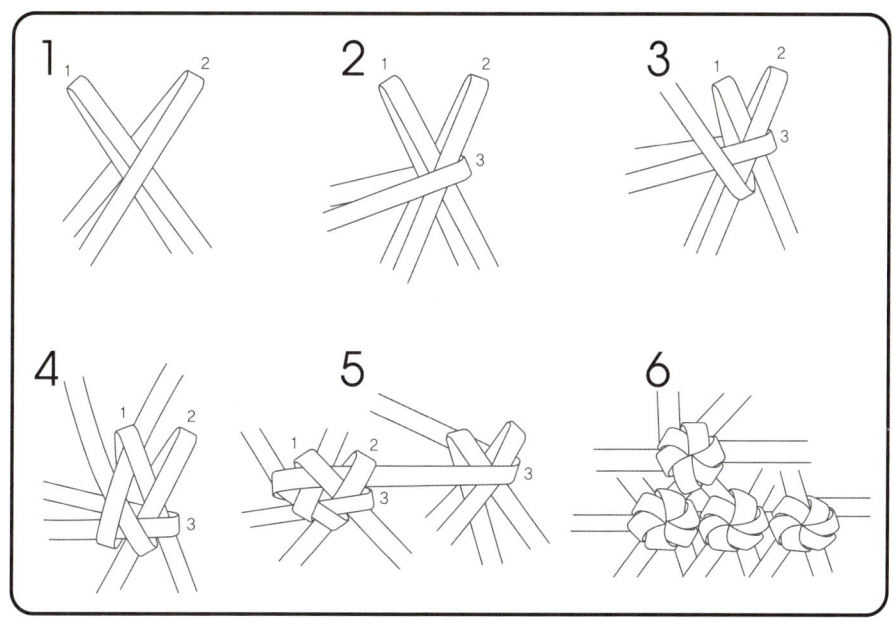

꽃매듭을 사용한 핸드백
(참고 작품)

중심 부분에 꽃매듭을 곁들인 핸드백.

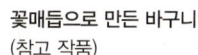

꽃매듭으로 만든 바구니
(참고 작품)

바구니의 옆면 전체를 꽃매듭으로 만들었습니다.

꽃매듭으로 만든 육각 상자
(참고 작품)

작은 꽃매듭을 한가득 장식한 소품함.

7
'휘갑치기' 기법

견고하고 우아하게 완성

대나무로 엮은 꽃바구니의 일부에 다양한 휘갑치기 기법을 사용해 장식한 것을 볼 때가 있습니다.
 또한 장바구니 같은 가방의 테두리를 마무르는 기법으로도 휘갑치기는 빠뜨릴 수 없습니다.
 휘갑치기한 부분은 견고해지며 작품을 우아하게 완성합니다.
 야외에서 차를 끓일 때 사용하는 '다기茶器 상자' 또는 '차 바구니'라고 불리는 다기들을 담는 용기에도 휘갑치기 기법을 많이 볼 수 있습니다. 찻그릇, 찻종지, 차를 젓는 도구, 찻그릇을 닦는 삼베 행주, 향그릇 등을 담는 이 바구니는 다기들을 싸는 비단 자루의 조합까지 감탄이 나올 정도로 멋있습니다.
 '본체에 X자로 교차해 휘갑치기'는 버드나무 등의 단단한 소재로 만들 때 공간이 넓어질 경우 날대를 단단히 고정하기 위해 사용하는 대표적인 기법입니다. 의자나 테이블 등에서 볼 수 있습니다.

휘갑치기

01 사선교차줄무늬 휘갑치기

휘갑치기 중에서도 가장 오래전부터 흔히 사용해온 기법입니다.
가방 손잡이나 바구니 테두리에 장식적으로 사용합니다
가로심 몇 줄을 건너뛰는지에 따라 흐름무늬가 달라집니다.

소재 : 피등 3mm (갈색, 내추럴)

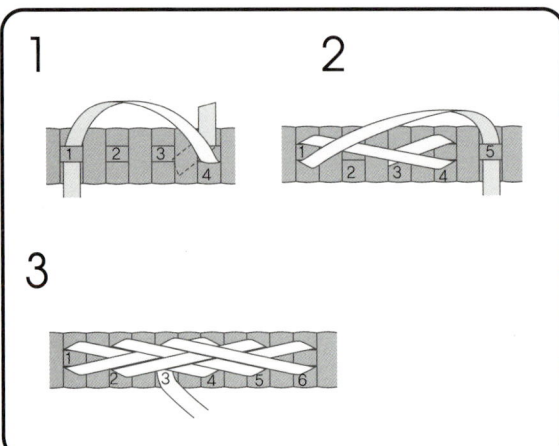

휘갑치기

02 걸친애벌레 휘갑치기

'사선교차줄무늬 휘갑치기'(P. 170) 기법에서 심을 적게 건너뛰는 경우에는 '걸친애벌레 휘갑치기'가 됩니다.
오른쪽으로 2회 휘갑치고, 왼쪽으로 1회 되돌려서 한쪽이 길어집니다. 되돌릴 때는 아래쪽을 통과합니다.

소재 : 피등 3mm (내추럴)

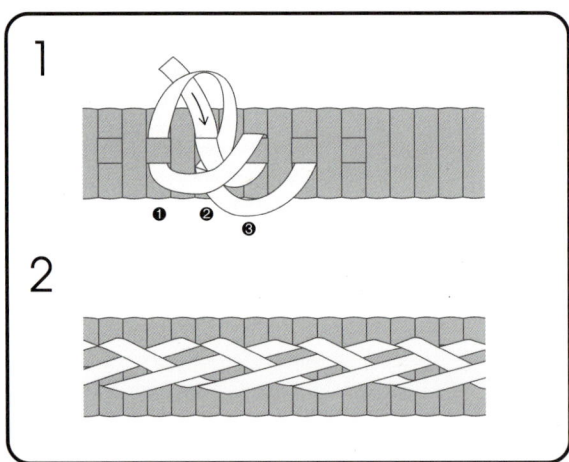

| 휘갑치기

03 뱀뱃살무늬 휘갑치기

'사선교차줄무늬 휘갑치기'(P. 170)보다 부피감이 느껴지는 기법입니다.
폭이 넓은 테두리의 장식이나 질주전자 손잡이 등에도 사용하지만 시간이 걸리는 기법이라서 최근에는 눈에 잘 띄지 않습니다. 2색으로 휘갑친 것은 '배색뱀뱃살무늬 휘갑치기'라고 하며 한층 더 화려해집니다.

소재 : 피등 3mm (내추럴, 갈색)

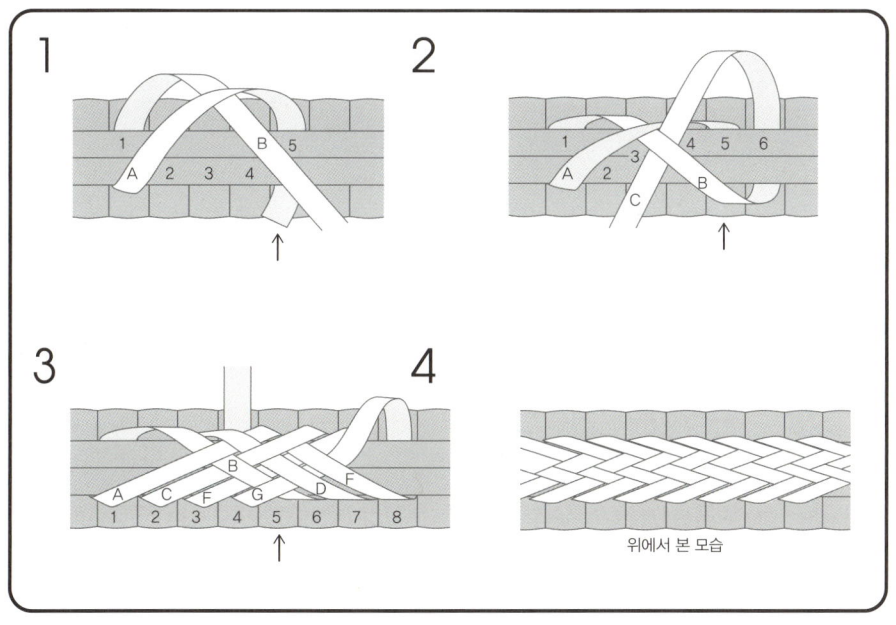

위에서 본 모습

04 본체에 화살깃무늬 휘갑치기

본체는 기본이 되는 뼈대 부분을 가리킵니다.
틈새가 있는 휘갑치기 기법이며 심을 보강하기 위해 사용합니다.
날대의 간격이 좁은, 버드나무로 만든 물건에서 흔히 볼 수 있습니다.

소재: 라탄 환심 2mm (노란색)

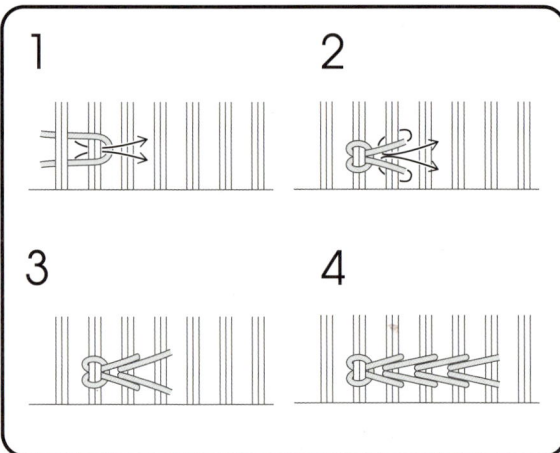

05 본체에 X자로 교차해 휘갑치기

X자로 교차해 휘갑치기할 때 1줄 앞으로 젖혀서 걸치며 휘갑칩니다.
가로 방향에 심 1줄을 대서 보강합니다. 버드나무로 만든 물건의 손잡이에서 흔히 볼 수 있습니다.

소재: 라탄 환심 2mm (노란색)

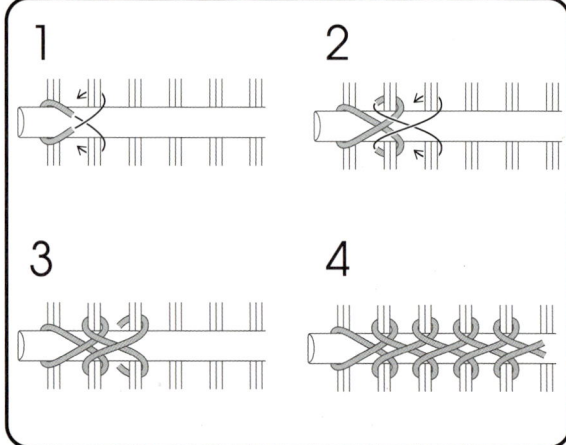

휘갑치기

06 본체에 변칙X자로 교차해 휘갑치기

틈새가 있는 휘갑치기 기법이며 날대를 고정하기 위해 가로 방향에 심 1줄을 대서 보강합니다.
무늬로 사용해도 아름다운 기법입니다.

소재 : 라탄 환심 2mm (노란색)

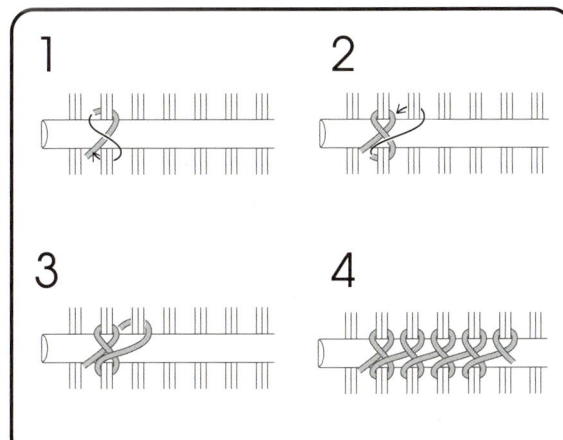

휘갑치기

07 본체에 한쪽으로 비스듬히 휘갑치기

틈새가 있는 휘갑치기 기법이며 날대가 움직이지 않도록 고정하기 위해 사용합니다.
비교적 쉬운 보강법입니다.

소재 : 라탄 환심 2mm (노란색)

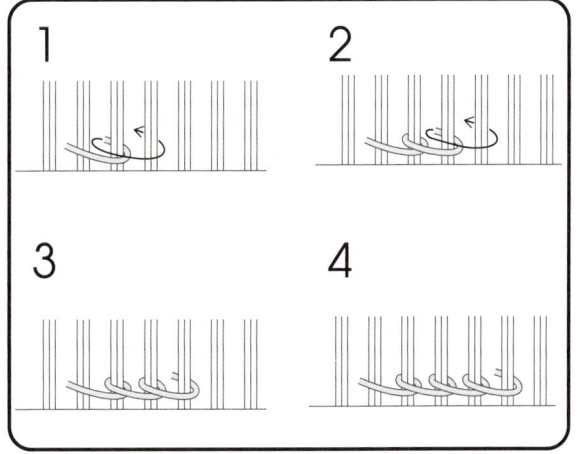

8
'바닥쓰기' 기법

바구니에서 중요한 부분

바닥은 바구니의 얼굴입니다. 이렇게 말하면 의아해하는 사람이 있을지도 모르는데 그 정도로 바구니에서 중요한 부분입니다. 가볍고 통기성이 좋은 바구니에 무거운 물건을 넣어도 모양이 흐트러지지 않는 이유는 바닥을 튼튼하게 만들었기 때문입니다.

대체로 바구니는 바닥부터 짜기 시작하는데 용도, 모양, 내구성에 따라 방법이 달라집니다. 바닥이 보이는지 보이지 않는지, 속이 얕은지 깊은지 등 바구니를 짤 때 반드시 그 쓰임새를 확인하는 것이 중요합니다.

예를 들면 메밀국수 채반은 담는 물건이 가볍기 때문에 바닥은 적당히 짜면 됩니다. 하지만 얕아서 메밀국수를 다 먹고 나면 바닥이 드러나므로 이를 고려해야 합니다. 그렇기에 대나무 등을 사용한 메밀국수 채반은 시작 부분을 크게 어살로 엮어서 튼튼하게 하고 화려하게 만든 것을 종종 볼 수 있습니다. 또한 물건을 많이 넣는 장바구니 같은 가방의 경우 바닥을 튼튼하게 짜야 합니다. 바닥짜기 중에서도 '가운데를 가른 타원 바닥'(P. 186)은 매우 튼튼합니다. 또한 와이어를 사용해 모양을 자유롭게 만드는 방법은 간단하면서 독특하기도 합니다.

바닥짜기

01 십자바닥

뼈대가 되는 날대를 십자 형태로 엮습니다.
날대의 개수가 적을 때 사용하는 바닥짜기로, 5줄×5줄 정도 지름 약 15cm까지가 한도입니다.
날대의 개수를 홀수로 할 때는 중심 한 바퀴를 엮고 나면 1줄을 자릅니다.

소재 : 라탄 환심 2mm (내추럴)

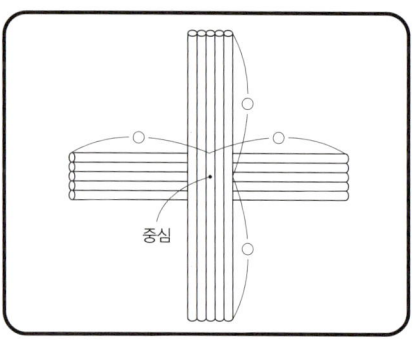

1 날대를 중심에 맞춰서 십자로 엮는다. 일반적으로 날대는 3줄 이상이다.

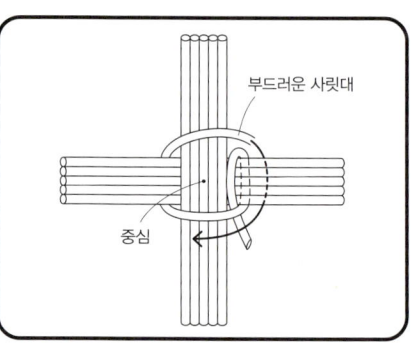

2 사릿대를 그림과 같이 건다.

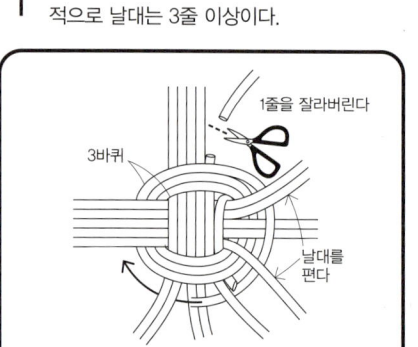

3 사릿대를 3바퀴 돌리고 나면 2줄을 건너뛰어 심을 나누고 2바퀴째 전에서 1줄을 잘라 홀수를 만든다.

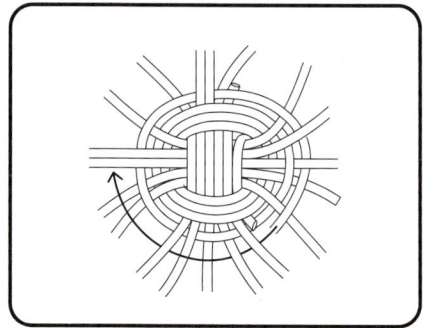

4 날대 2줄을 1쌍으로 해서 겉쪽, 안쪽을 번갈아 통과시킨다.

바닥짜기

02 우물정바닥

날대를 4쌍으로 나눠서 우물정 모양을 엮습니다. 날대의 개수가 많을 때 사용하는 기법입니다.
중심에 작은 구멍이 생깁니다.

소재 : 라탄 환심 2㎜ (내추럴), 피등 2㎜ (내추럴)

1 날대를 우물정 모양으로 엮는다. 일반적으로 날대는 8줄 이상이다.

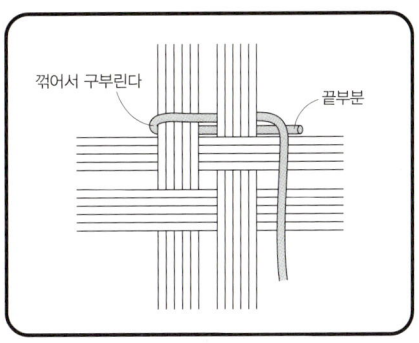

2 사릿대는 그림과 같이 건다.

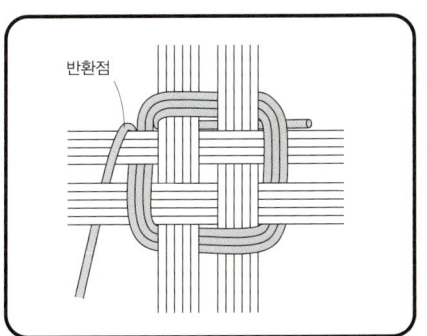

3 사릿대를 2~3바퀴 돌리고 나면 처음에 사릿대를 걸친 위치에서 반대쪽으로 꺾는다.

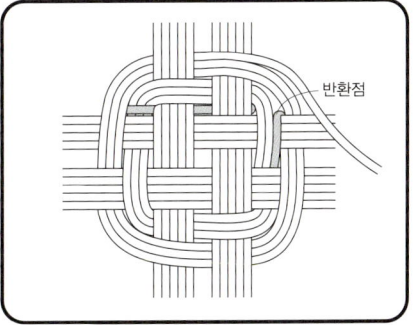

4 뒤집어서 시계방향으로 2~3바퀴 돌린다.

바닥짜기

03 쌀미바닥

날대를 4쌍으로 나눠서 쌀미✲자 모양으로 엮습니다.
저절로 원형이 만들어집니다.

소재 : 라탄 환심 2㎜ (내추럴)

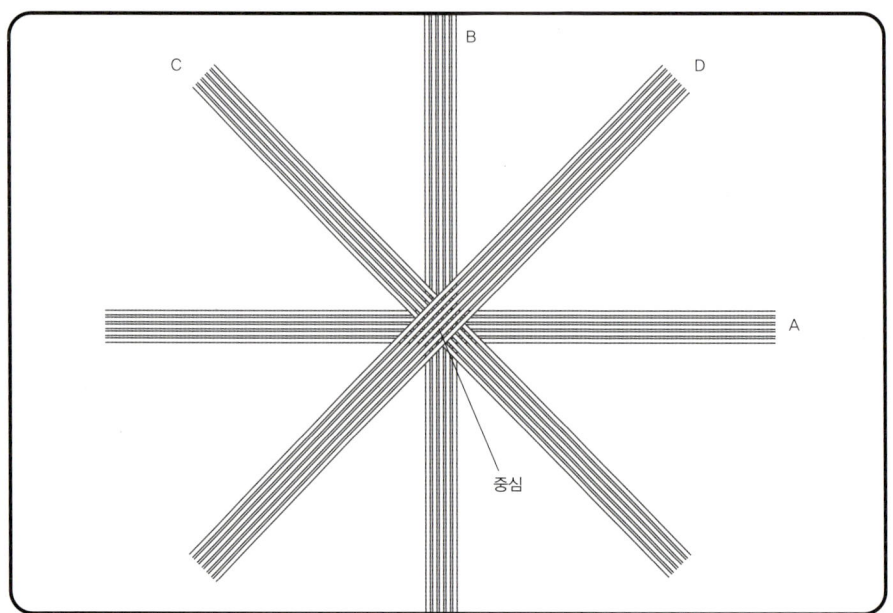

1 날대 5줄 1쌍(D만 6줄)을 중심에서 ABCD 순서대로 겹친다.

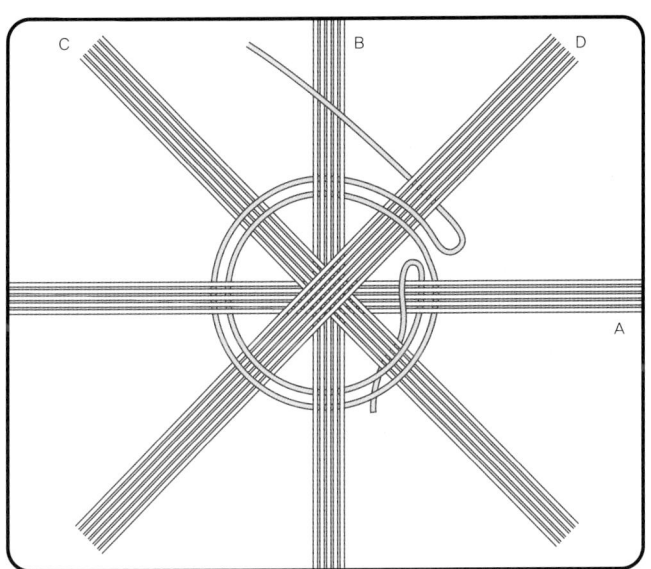

2
맨 아래쪽의 심 A에 한쪽을 짧게 한 사릿대를 걸고 A의 아래쪽에서 떠올린 사릿대를 C의 위, B의 아래 순서로 2바퀴를 돌린다.

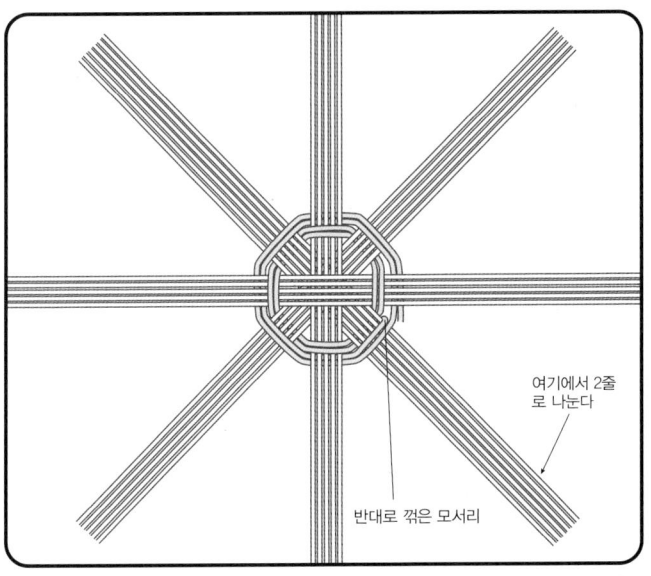

3
D까지 완성되면 바닥을 뒤집어서 시계방향으로 다시 2바퀴를 돌린다.

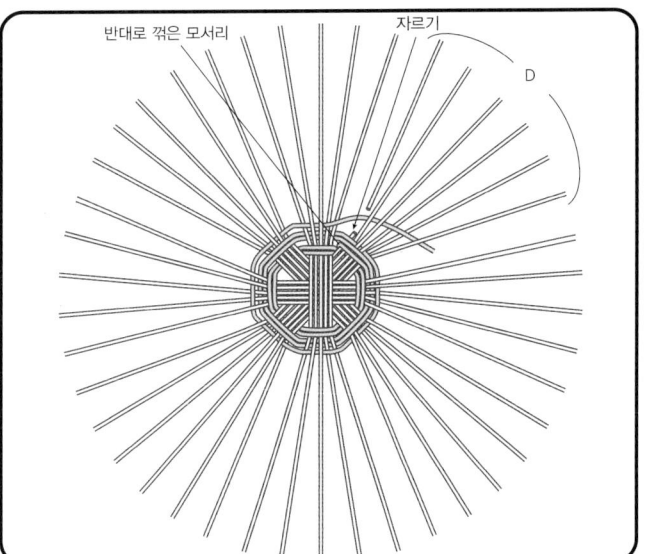

4
5바퀴째는 D에서 날대를 2줄씩 나눠서 1바퀴를 돌린다. 6바퀴째는 D의 첫 번째 날대를 잘라내 날대의 개수를 홀수로 만든다. 2줄 건너뜀 회오리엮기로 날대가 다 펴질 때까지 엮는다.

04 막엮기 사각바닥

네모난 바구니를 짤 때 사용하는 기본적인 기법입니다.
나무판을 준비해서 1.5cm마다 선을 그어 기준으로 합니다.
선대로 구부러지지 않게 날대를 올려놓으세요.

소재 : 라탄 환심 2mm (내추럴)

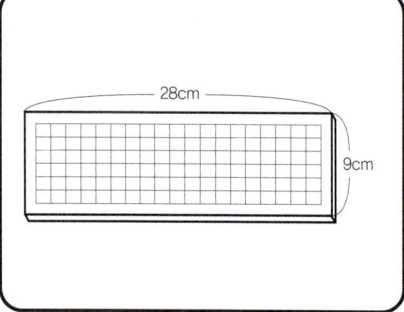

1
직사각형 나무판을 준비해 사방에서 1cm 안쪽에 선을 긋는다. 다시 그 안쪽에 1.5cm 간격으로 세로 18줄, 가로 5줄의 선을 긋는다.

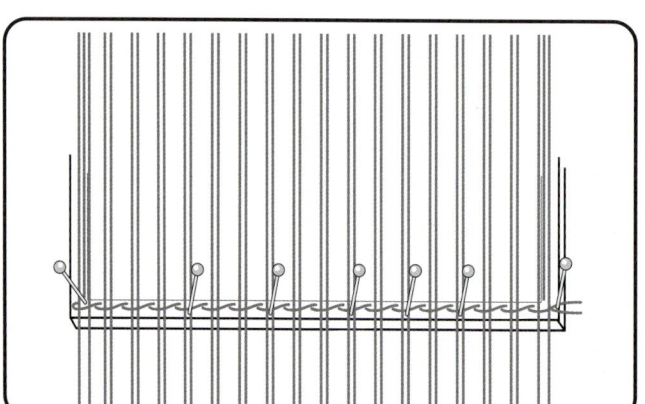

2
날대는 2줄 1쌍으로 해서 2줄 꼬아엮기로 1cm의 선을 그은 바깥쪽에 못을 박아 임시로 고정한다. 이때 양옆은 3줄 1쌍으로 한다.

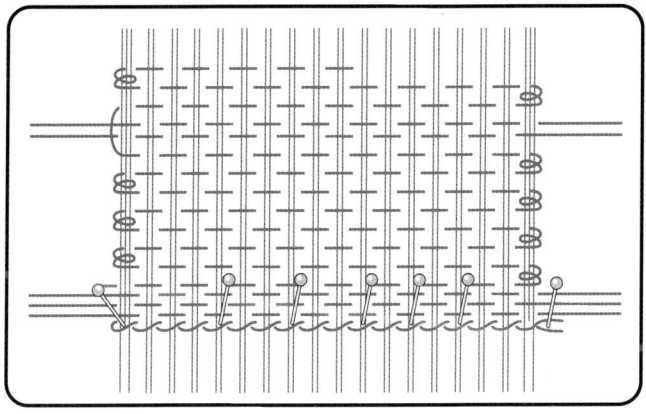

3

2줄꼬아엮기한 심은 그대로 두고 가로심을 1줄씩 막엮기해서 3줄(옆으로 빼는 심)을 넣는다. 2줄꼬아엮기한 심은 그대로 남겨놓는다. 새로 부드러운 사릿대를 사용해서 막엮기로 좌우 4회 왕복한다. 사릿대를 쉬게 두고 가로심 2줄을 새로 막엮기해서 양옆으로 뺀다.

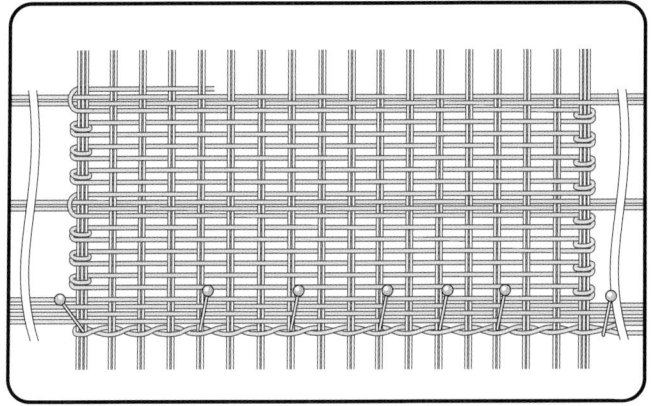

4

사릿대는 바깥쪽으로 빼낸 심을 걸쳐서 막엮기한다. 이 과정을 4회 반복해서 마지막에 옆으로 빼는 심은 3줄로 한다.

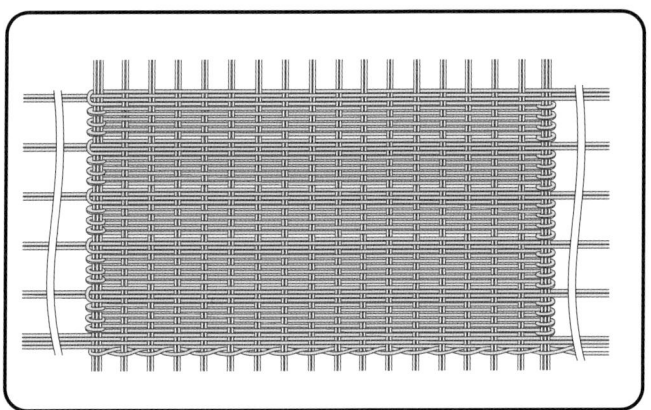

5

바닥 완성. 못을 뺀다.

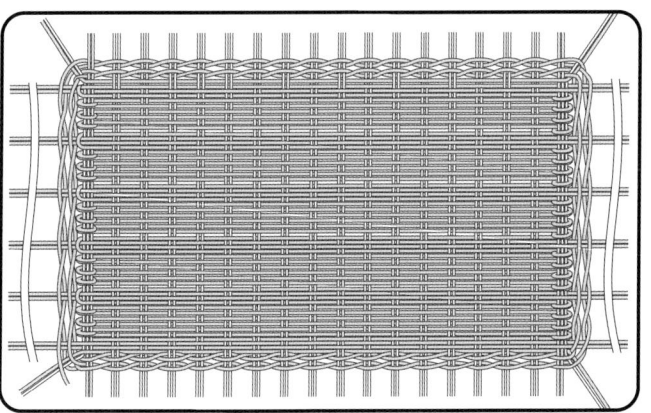

6

날대는 모서리 부분 3줄의 1줄씩을 합쳐 날대 전부가 2줄 1쌍이 되게 해서 중단해놓은 2줄꼬아엮기로 2바퀴를 짠다.

바닥짜기

05 막엮기 타원바닥

중심을 사각바닥과 같은 방법으로 엮고 그 양쪽에 되돌려엮기로 작은 반달 모양을 엮습니다.
처음에 날대와 가로심을 치수에 맞게 잘라놓습니다.

소재 : 라탄 환심 2mm (내추럴)

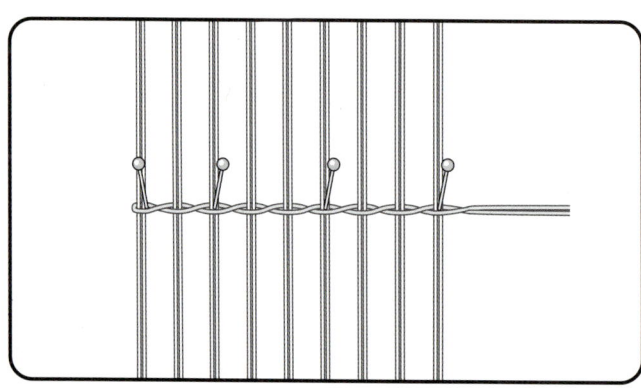

1
사릿대를 반으로 접어서 2줄 1쌍의 날대를 통과시키며 2줄꼬아엮기로 고정한다. 날대의 중심에서 바닥 길이의 절반 정도 내려간 부분이 고정하는 위치가 된다. 가로심을 넣는다.

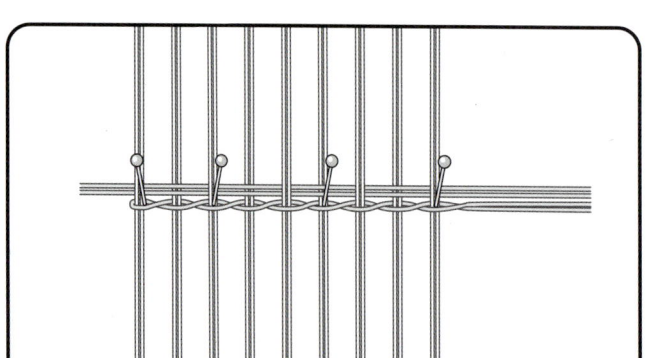

2
별도로 잘라놓은 가로심 1쌍(2줄)을 2줄꼬아엮기 위에 놓고 막엮기한다.

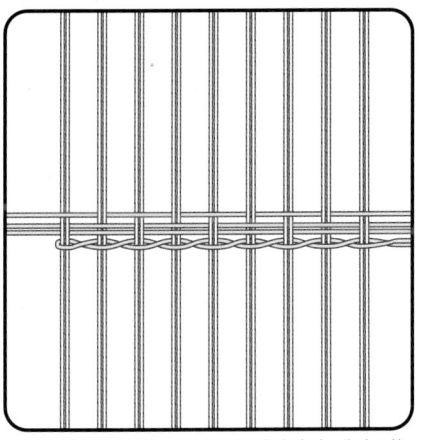

3 가로심 1쌍을 2의 위에 엇갈리게 해서 넣는다. 총 6쌍을 통과시킨다. (P. 182의 사진은 가로심이 5쌍이다)

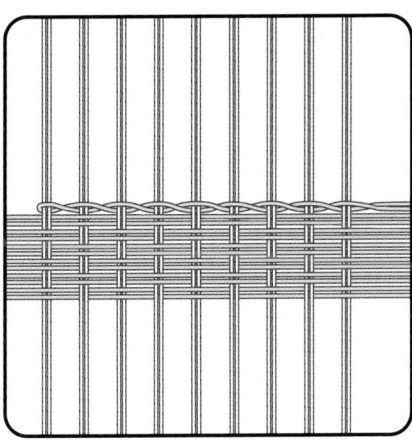

4 시계방향으로 돌릴 수 있도록 뒤집어서 2의 2줄꼬아엮기로 2바퀴를 엮는다.

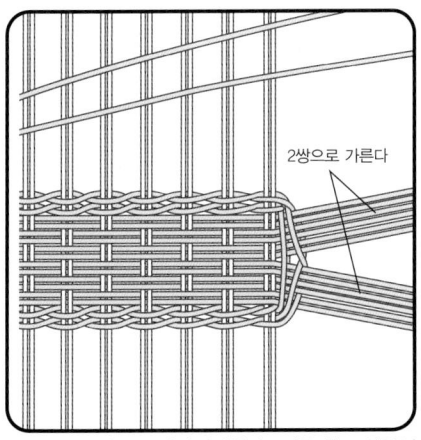

5 4의 심으로 따라엮기한다. 처음에는 양옆의 가로심을 둘로 나눈다.

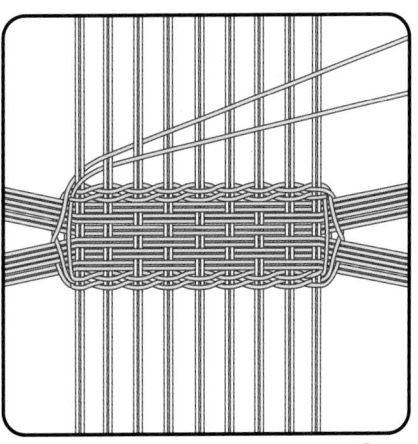

6 그대로 3~4바퀴를 엮고 나면 가로심을 2줄 1쌍으로 나눠서 2바퀴를 엮는다.

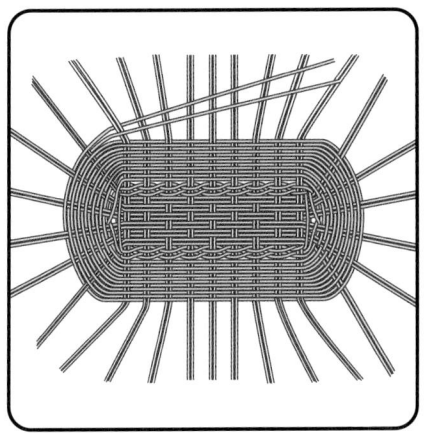

7 2바퀴를 엮은 후 따라엮기로 바닥 크기가 될 때까지 엮는다.

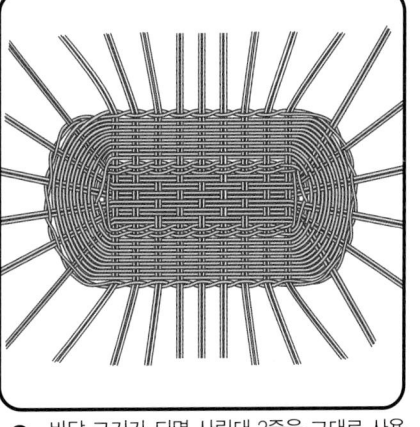

8 바닥 크기가 되면 사릿대 2줄을 그대로 사용해서 2줄꼬아엮기로 1바퀴를 엮는다.

바닥짜기

06 이랑엮기 타원바닥

막엮기 타원바닥(P. 182)과 비슷하지만 심을 가로로 2줄씩 뺀 후 사릿대를 이랑처럼 넣어가는 기법이며 튼튼하게 엮입니다.

소재 : 라탄 환심 2mm (내추럴, 갈색)

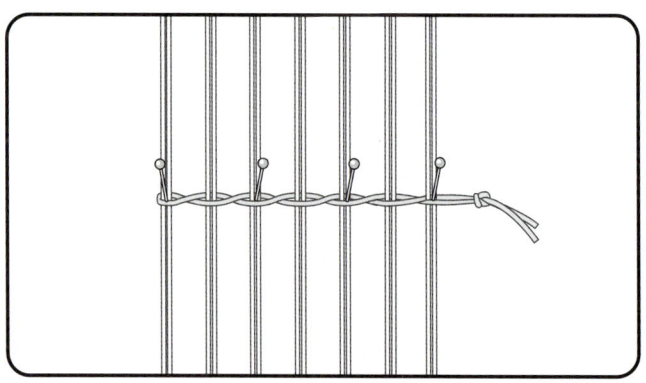

1
2줄 1쌍의 날대는 2줄꼬아 엮기해서 7쌍을 못으로 몇 군데를 임시 고정한다.

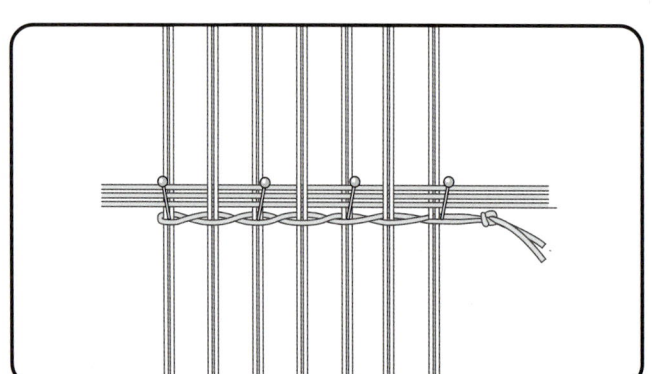

2
2줄꼬아엮기 위에 3줄 1쌍의 가로심을 막엮기로 엮는다.

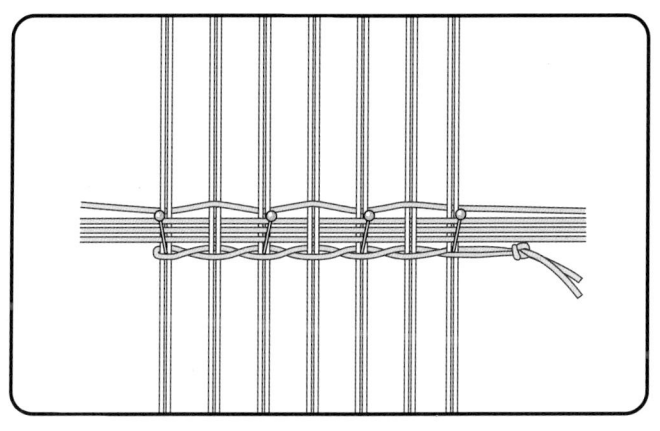

3

부드러운 사릿대를 준비해서 엮어놓은 날대와는 반대가 되도록 막엮기해서 넣는다.

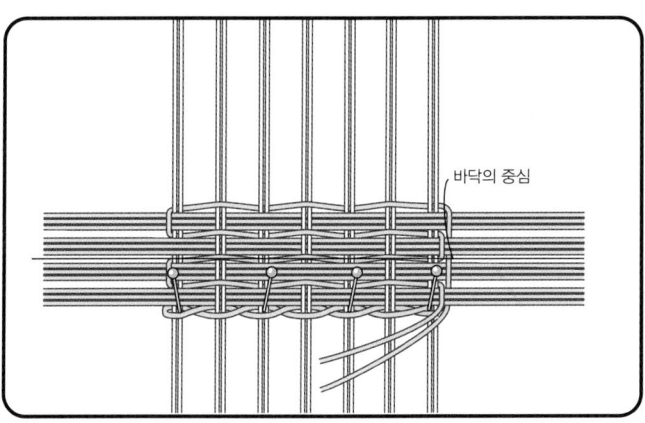

바닥의 중심

4

다시 그 위에 가로심 1쌍을 넣고 3에서 쉬게 둔 사릿대를 사용해 반대 방향으로 막엮기한다. 총 4쌍으로 이 과정을 반복한다.

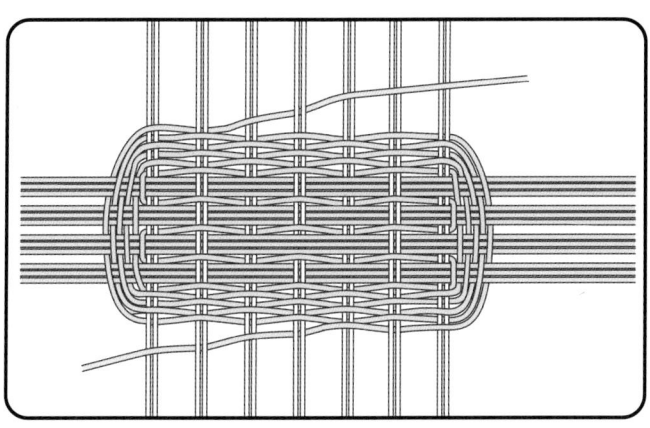

5

가로심 4쌍이 다 들어갈 때까지 4의 과정을 반복한다. 임시 고정한 2줄꼬아엮기를 풀고 처음에 남겨놓은 사릿대와 엮어 넣은 사릿대 2줄로 따라엮기한다. 가로심은 5~6바퀴를 엮고 4줄 1쌍으로 엮다가 점점 2줄 1쌍으로 나눈다.

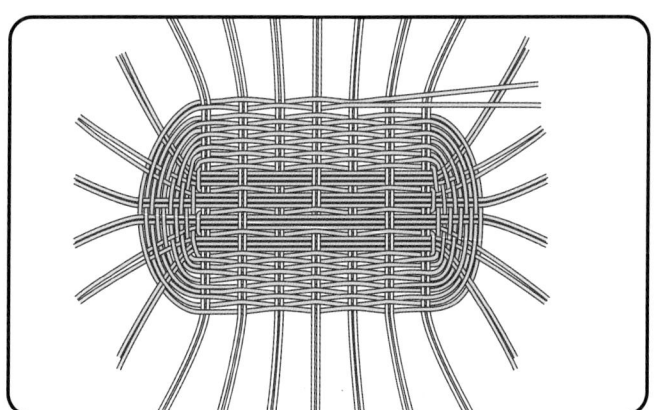

6

바닥 크기가 되면 2줄꼬아엮기로 1바퀴를 엮는다.

바닥짜기

07 가운데를 가른 타원바닥

타원바닥 중에서 가장 튼튼한 기법입니다. 4~5㎜ 환심을 갈라서 심을 그 사이에 끼웁니다.
이 기법은 영국의 버드나무 바구니를 만드는 방법과 비슷합니다.

소재 : 라탄 환심 4㎜, 2㎜ (내추럴)

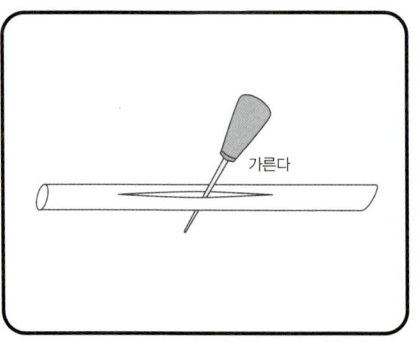

1 날대의 가운데를 각각 송곳으로 가른다.

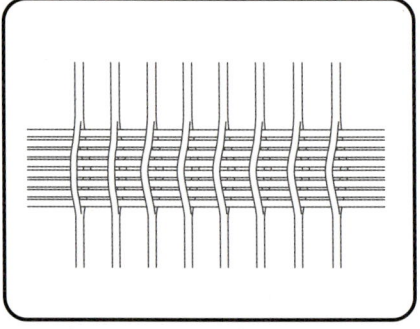

2 가른 부분으로 가로심을 통과시킨다.

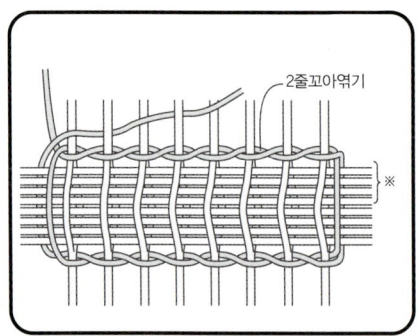

3 2줄꼬아엮기로 1바퀴를 엮는다.

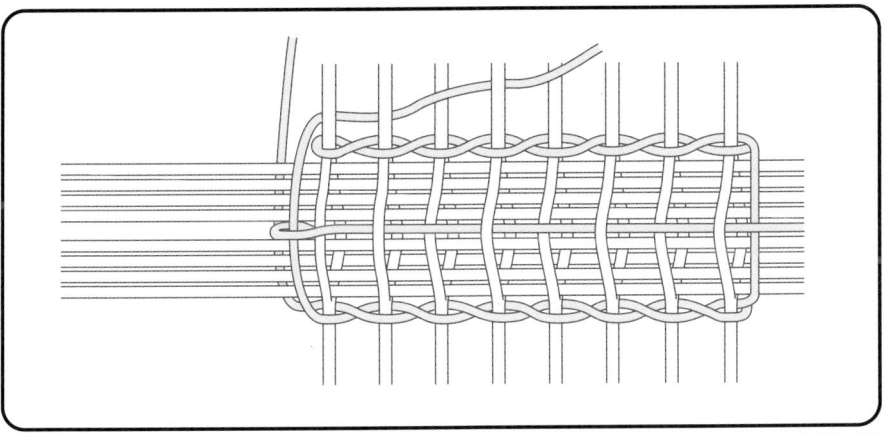

4 가로심 한가운데에 반으로 접은 사릿대를 끼워 넣고 한쪽은 안쪽에 넣어서 잘라낸다. 다른 한쪽의 심으로 가운데를 위, 아래, 위로 엮고 오른쪽 가장자리까지 가면 사릿대의 끝부분을 안쪽으로 넣어서 잘라낸다.

5 쉬게 둔 2줄꼬아엮기의 심으로 따라엮기한다.

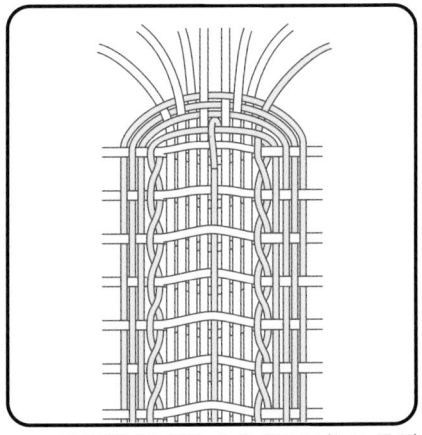

6 가로심은 첫 번째는 3, 2, 3으로 나누고 두 번째는 2, 2, 2, 2로 나누어 사릿대가 같은 곳에서 나오지 않게 하고 마지막은 날대를 1줄씩 나눈다.

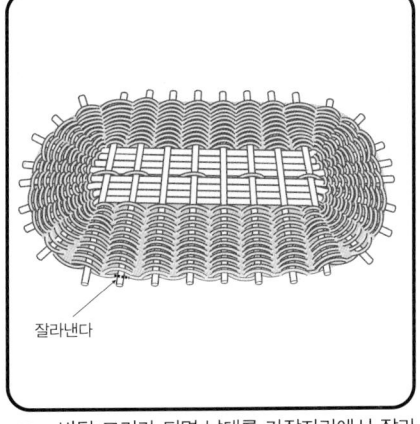

7 바닥 크기가 되면 날대를 가장자리에서 잘라낸다.

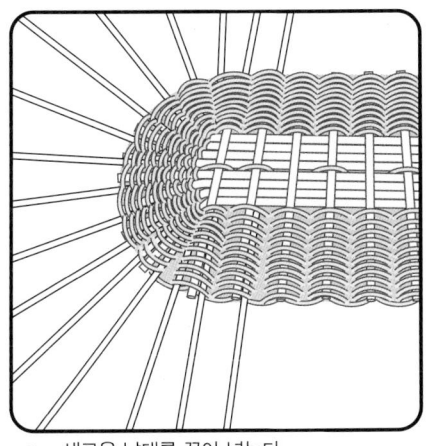

8 새로운 날대를 꽂아 넣는다.

바닥짜기

08 아치바닥

와이어로 바닥의 윤곽을 만들고 날대를 엮어서 좌우의 가장 바깥쪽에서 되돌아올 때 와이어에 감아 되돌립니다(와이어도 날대로 간주합니다).
다 엮으면 위아래의 와이어도 처리하고 한가운데를 눌러서 아치형으로 모양을 잡습니다.

소재 : 라탄 환심 2mm (내추럴)

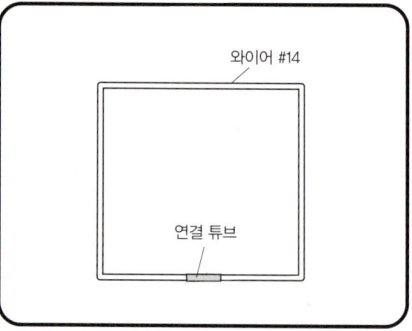

1 형판에 바닥 크기를 도면대로 그리고 와이어 곳곳을 못으로 고정해가며 연결 튜브로 고정한다.

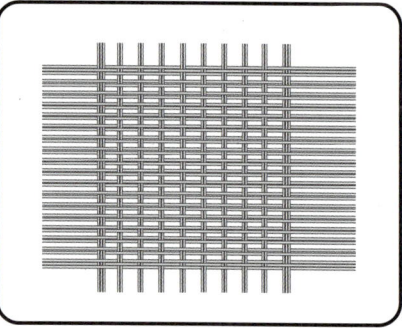

2 사각바닥을 만든다.

3 1의 와이어를 대고 되돌려꼬아엮기로 1줄씩 날대로 와이어를 감아서 수직으로 세운다.

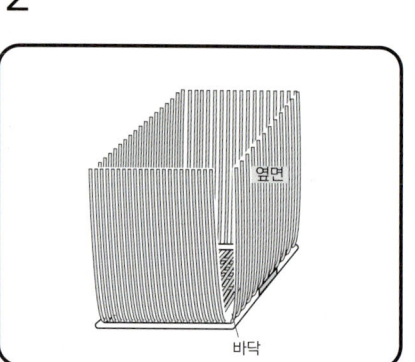

4 수직으로 세운 모습.

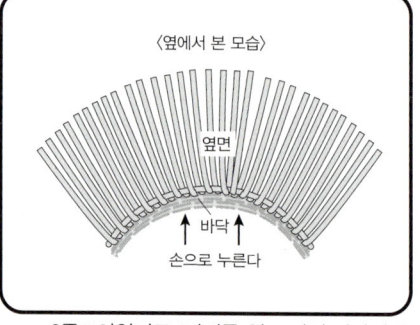

5 2줄꼬아엮기로 1바퀴를 엮고 나면 바닥의 중심이 높아지게 손으로 눌러 올린다.

기타 바닥짜기

바닥짜기

09 사방 짜기

칸무늬가 정사각형이며 심과 심의 간격은 1cm 전후로 촘촘합니다. 북유럽의 의자 등에도 쓰입니다.

소재 : 피등 3mm (흰색)

바닥짜기

10 팔방 짜기

사방 짜기보다 튼튼하고 섬세합니다.

소재 : 피등 3mm (흰색)

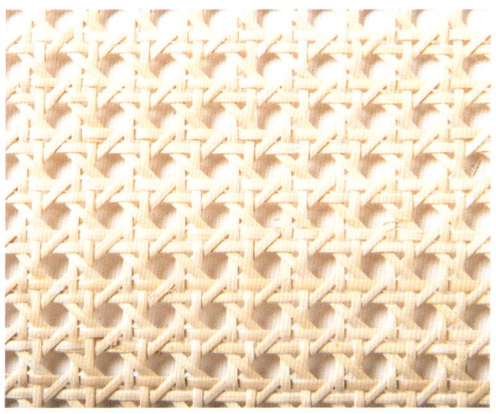

바닥짜기

11 어살무늬 바닥

대나무 채반 등에 자주 사용하는 기법입니다. 라탄의 경우는 피등으로 엮습니다. 중심이 납작하고 커져서 화려해집니다.

소재 : 피등 3mm (내추럴)

바닥짜기

12 가운데가 사각형인 타원바닥

'막엮기 사각바닥'을 엮은 후 양옆을 되돌려엮기(P. 202 참조)합니다. 길쭉한 타원형을 엮을 때 편리합니다.

소재 : 라탄 환심 2mm (내추럴)

기본 테크닉

바구니짜기의 기본 테크닉을 소개합니다.

칠드 심 만들기

4mm 이상의 굵은 심을 불에 구워 굳혀서 예쁜 원으로 만드는 방법입니다.
8mm 이상의 심일 경우 가방 손잡이로도 사용할 수 있습니다.

1 빈 캔에 구멍을 뚫어서 소재(굵은 가지나 덩굴 등)를 꽂아 넣고 둘둘 감는다.

2 마지막까지 단단히 감으면 와이어로 고정한다.

3 가스레인지 등을 이용해 불에 굽는다.

4 이 상태로 반나절 정도 방치한 후 캔에서 벗겨낸다.

대나무의 경우 불에 구워 둥글게 만든다.

소재에 색을 입히는 방법

라탄을 염색하는 방법입니다.
여기에서는 티셔츠 등을 염색할 때 사용하는 'Rit'라는 물염색용 화학염료를 사용했는데 끓이면 착색이 잘됩니다. 커피나 홍차, 허브 등으로 염색할 수도 있습니다.

1 라탄은 하루 정도 물에 담가놓는다.

2 큼직한 냄비에 물을 넣어 끓이고 70℃ 정도가 되면 불을 끄고 염료를 넣는다.

3 소금을 한 꼬집 넣어 녹인다. 소금은 발색을 좋게 한다.

4 1의 라탄을 냄비에 넣는다.

5 다시 불을 켜고 70℃ 정도로 약 20분간 끓인다. ※ 사용하는 염료에 따라 염색 온도와 시간이 다르므로 자신이 사용하는 염료의 취급 설명서를 참고하기 바란다.

6 다 끓이고 나면 흐르는 물로 색이 빠지지 않을 때까지 잘 헹구고 그늘진 곳에서 말리면 완성.

인피를 분리하는 방법

인피란 식물의 겉껍질 바로 안쪽에 있는 부드러운 속껍질을 말합니다.
식물이 싱싱한 6월 무렵이 껍질을 벗기기 쉽습니다.
여기에서는 등덩굴을 예로 들어 인피를 분리하는 방법을 설명합니다.

1 꺾은 등덩굴은 냄비에 넣고 1시간 정도 끓인다. 물이 식으면 냄비에서 꺼내 겉껍질에 커터로 칼집을 넣는다.

2 절단면에서 양옆으로 벌린다.

3 속의 섬유 모양이 인피다. 이것을 살살 잡아 당겨서 빼낸다. 되도록 끊어지지 않게 해서 길게 뽑는다.

4 뽑아낸 인피는 그늘에서 말린다. 사진은 그늘에서 말린 후의 인피.

5 하나로 묶어서 보관한다.

날대를 수직으로 세우는 방법

바닥부터 엮기 시작해 옆면을 만들 때 날대를 수직으로 세우는 방법에는 여러 가지가 있습니다.
주로 사용하는 방법 5가지를 소개합니다.

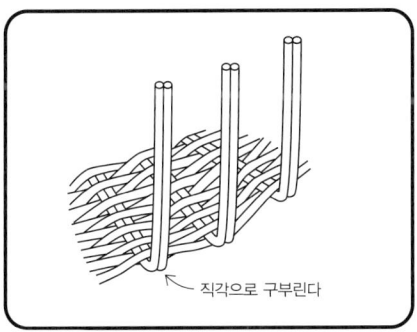

바로 세우기
바닥을 엮고 날대를 그대로 세우는 방법이다. 소재에 따라 날대의 가장자리를 가볍게 누르거나 펜치로 집는다. 날대에 습기를 줘서 꺾이지 않게 하는 것이 중요하다.

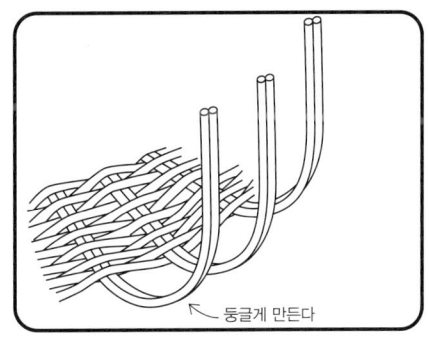

둥글게 세우기
곡선이 있는 바구니를 만들 때는 날대의 안쪽을 훑듯이 바싹 당겨서 날대를 둥글게 만든다. 날대는 젖지 않은 상태가 모양을 둥글게 잡기 쉽다.

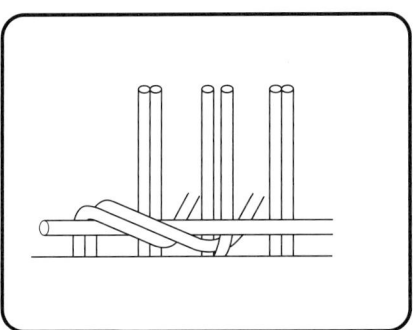

되돌려 3줄꼬아엮기 3줄 건너뛰기
바구니의 테두리를 감아 마무르기할 때는 테두리에 다른 심을 대고 날대로 감아가며 수직으로 세운다. 날대는 심의 간격에 따라 건너뛰는 방법을 바꾼다.

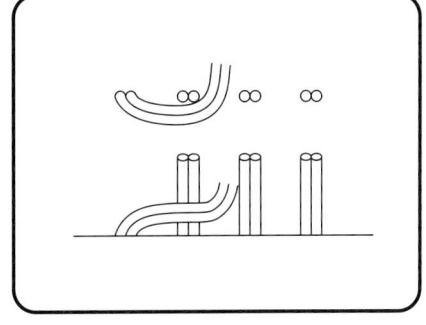

2줄 날대 1쌍 되돌려꼬아엮기
날대는 2줄을 1쌍으로 해서 옆의 심을 건너뛰어 수직으로 세운다.

2줄 날대 2쌍 되돌려꼬아엮기
'2줄 날대 1쌍 되돌려꼬아엮기'보다 두께가 있고 높이도 늘어난다.

테두리 마무르기

바구니의 크기와 디자인, 날대 간격 등에 따라 마무르기 방법이 다양합니다.
주로 사용하는 방법 12가지를 소개합니다.

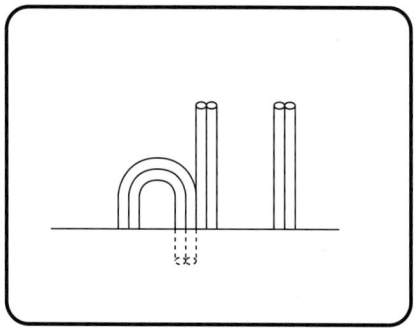

옆의 날대 옆에 꽂아 마무르기
매우 간단한 방법이다. 예쁜 곡선을 가지런히 맞춰서 만드는 것이 중요하다. 날대를 꽂아 넣는 길이는 1.5㎝ 정도.

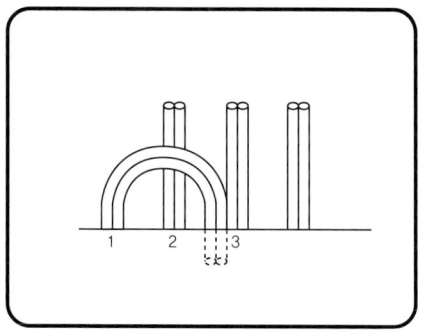

1칸 건너 꽂아 마무르기
2의 위를 지나 3의 왼쪽에 꽂아 넣는다. 원이 겹치는 만큼 '꽂아 마무르기'보다 부피감이 생긴다..

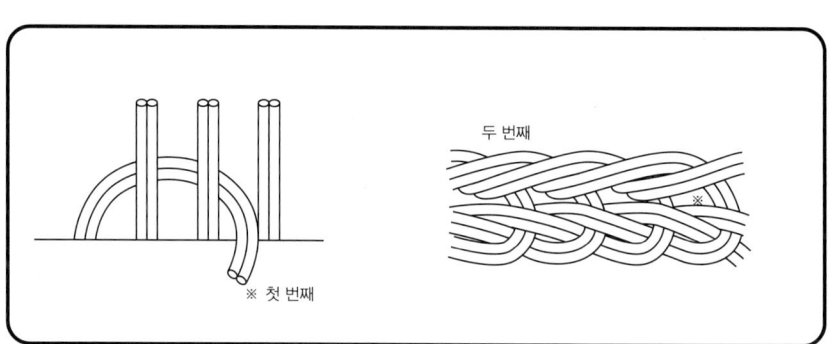

고리교차 마무르기
날대 2줄을 다른 색으로 해서 만들면 화려해진다. 첫 번째로 엮을 때는 날대를 바깥쪽으로 뺀다. 두 번째로 엮을 때는 오른쪽 날대 2쌍의 아래쪽을 지나 바깥쪽으로 나온 날대의 오른쪽으로 빼서 고리를 만들어 젖히고, 다음 날대의 아래쪽, 다음 날대의 위쪽, 다음 날대의 아래쪽을 넣는다.

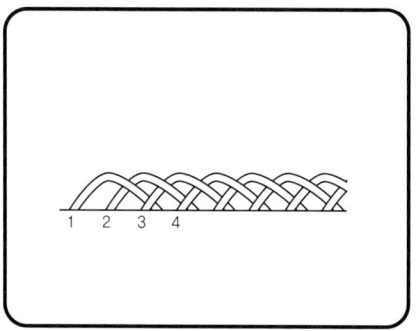

안으로 젖혀 마무르기
옆의 심 위에서 바구니 안쪽으로 꽂아 넣는다.

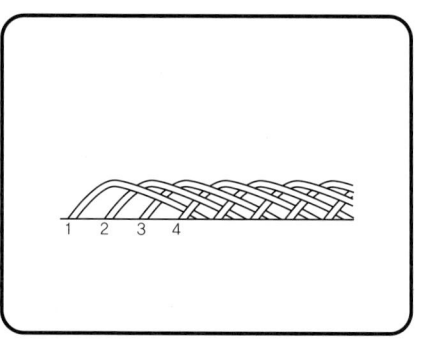

2줄 건너 안으로 젖혀 마무르기A
날대를 2줄 건너뛰어 안쪽으로 넣는다. 테두리가 '안으로 젖혀 마무르기'보다 촘촘해진다.

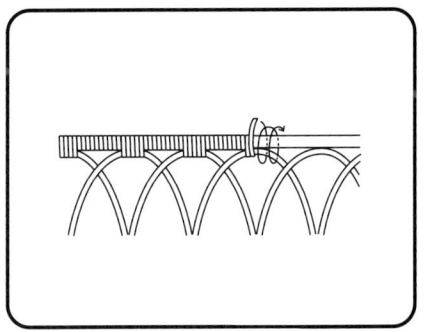

피등으로 막감아 마무르기
피등이나 대나무 등의 평심을 사용해 감는 방법으로 깔끔하게 마무리된다. 피등은 광택이 있어서 마무리에 사용하기 좋다. 감는 소재는 부드러운 것을 사용한다.

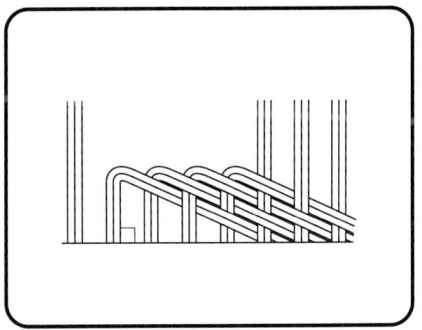

장식 마무르기
날대를 직각으로 펴서 옆 날대의 위, 아래를 반복해서 통과시킨다. 각이 져서 날카로운 느낌이 든다.

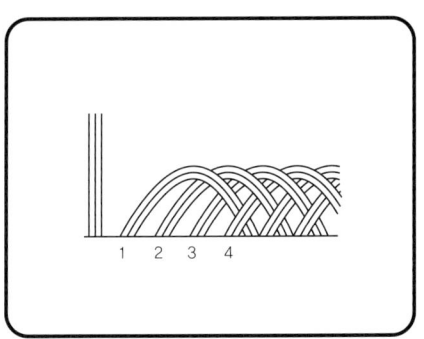

2줄 건너 안으로 젖혀 마무르기B
날대를 2줄 건너뛰어 안쪽으로 넣는다. 단단한 심을 쓰거나 커다란 원을 만들 때 사용한다.

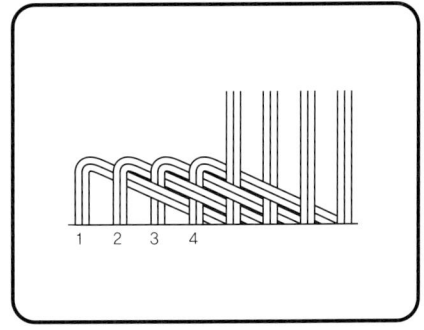

밖으로 젖혀 마무르기
날대 2줄 1쌍을 그대로 2, 3, 4 순서로 넣는다.

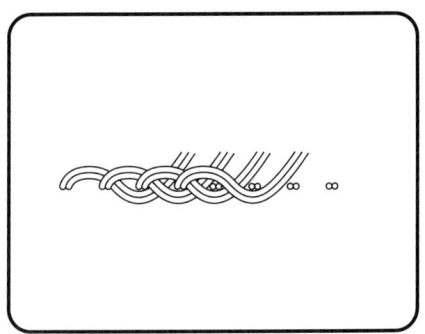

가로로 젖혀 마무르기
심을 잘 적셔서 펜치를 사용해 구부리는 부분을 으깨고 날대 2줄이 위에서 볼 때 납작해지도록 엮는다. 두께가 생기기 때문에 납작한 바구니나 코스터의 테두리 마무르기에 사용한다.

사슬 마무르기

간단하고 튼튼한 방법이다. 심의 간격에 따라 1줄 건너뛰기와 2줄 건너뛰기가 있다.

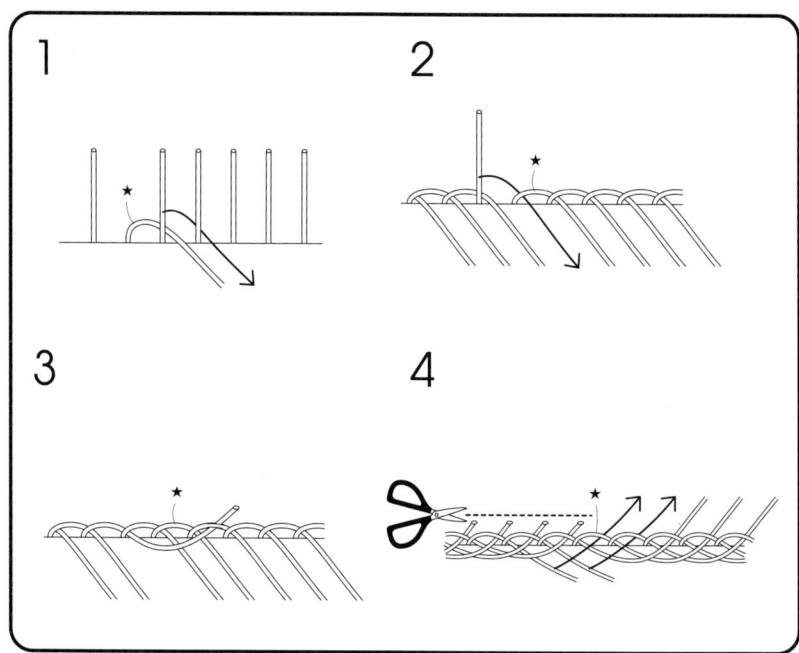

장식 테두리 마무르기

감아 마무르기를 한 후 안쪽으로 나온 심 3줄을 1줄씩 오른쪽으로 겹쳐서 안쪽으로 넣는다. 심이 아직 길게 남아 있으면 다시 2줄로 1바퀴를 엮어서 테두리를 두껍고 깔끔하게 완성한다.

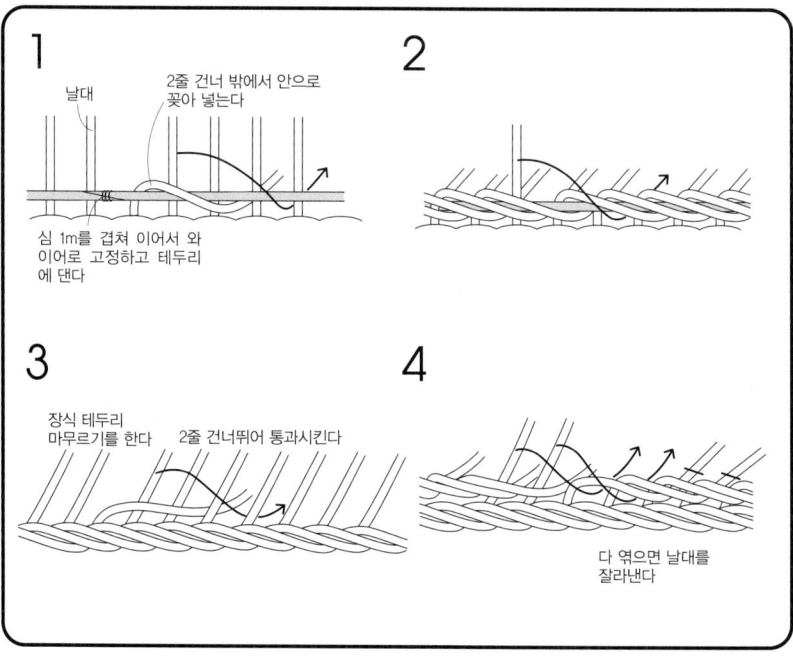

심 연결하기

바구니를 엮는 도중에 소재가 떨어지면 새로운 것을 이어서 계속 엮어나갑니다.
주로 사용하는 방법 5가지를 소개합니다.

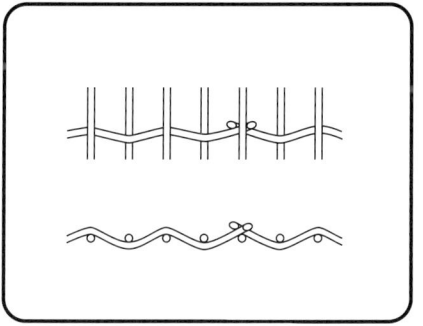

통으로 잇기, 날대 1줄
가장 간단한 연결법이다. 날대 안쪽에서 심 2줄이 겹치게 해 잘라낸다. 이때 심 2줄은 날대보다 조금 더 보이는 정도의 길이로 자른다.

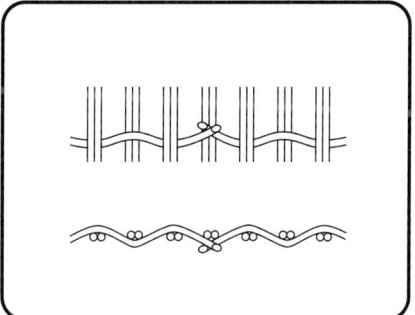

통으로 잇기, 날대 2줄
사릿대가 날대 2줄 위에서 겹치게 해 잘라낸다. '날대 1줄'과 마찬가지로 날대 2줄보다 조금 길게 한다.

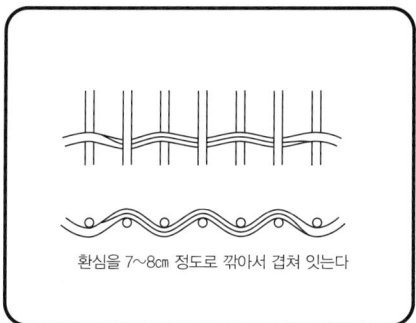

환심의 깎아서 겹쳐 잇기
원형재(환심)는 서로 바깥쪽과 안쪽을 7~8㎝ 정도로 비스듬히 깎아서 합쳐 잇는다. 깎는 길이는 날대의 간격에 맞춰서 7~8㎝ 정도로 한다.

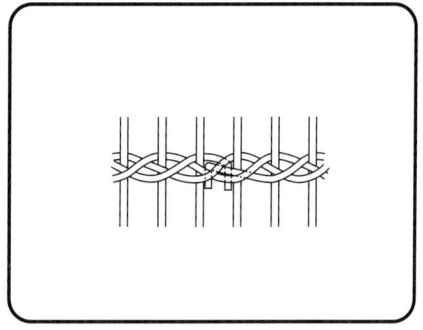

꽂아 잇기, 2줄꼬아엮기
2줄꼬아엮기로 엮을 때 잇는 방법이다.

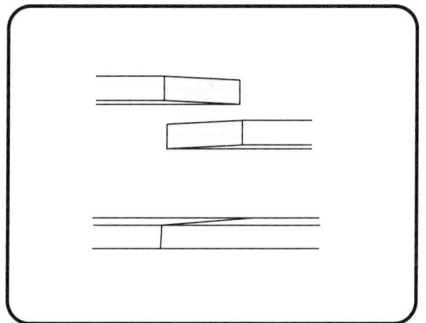

평심의 깎아서 겹쳐 잇기
어살엮기 등의 경우 대부분 이 방법으로 잇는다. 한쪽 면을 비스듬히 깎아내서 얇게 만들고 위아래 6~7㎝ 정도를 평평하게 겹친다.

용어 해설

바구니를 짤 때 자주 사용하는 용어에 대해 설명합니다.

[심, ~대]
바구니를 짤 때 '심' 또는 '~대'라고 하는 것은 소재, 즉 덩굴이나 풀 등을 가리킵니다.

[날대]
바구니의 뼈대가 되는 심을 말합니다. 단단하고 탄력이 있는 것이 적합합니다. 날대의 길이는 기본적으로 바닥의 지름+(높이×2)+(테두리 처리 분량×2).

[사릿대]
뼈대인 날대에 걸어서 모양을 만드는 재료를 말합니다. 날대보다 부드러운 것이 엮기 쉽습니다.

[가로심]
주로 수평 방향으로 움직이는 심입니다.

[덧날대]
날대를 꽂는 도중에 넣는 심을 말합니다. 날대와 마찬가지로 단단한 것을 사용합니다.

[칠드 심]
굵은 손잡이 등을 만들 때 불에 구운 소재를 말합니다. 굵은 심으로 곡선을 예쁘게 만들 때 둥근 캔 등에 감아 불에 구워서 심을 수축시켜 형태를 잡습니다. 그렇게 만든 심을 펴서 손잡이나 프레임, 날대 등으로 사용합니다.

[겹쳐 잇기]
덩굴이나 풀 등의 사릿대가 짧아져서 보충할 때의 방법입니다. 포인트는 겹쳐도 굵기가 똑같아지도록 하는 것. 덩굴의 경우 양쪽 덩굴을 비스듬히 깎고 풀은 조금씩 위치를 옮기며 겹쳐서 잇습니다.

[수직으로 세우기]
바구니 등을 짤 때 바닥 부분에서 옆면으로 이동하는 것을 말합니다. 감아 엮는 경우에는 바닥의 테두리 위에 심을 겹칩니다. 날대가 있는 경우에는 날대의 가장자리를 부러지지 않게 단단한 것이나 도구를 이용해 으깨서 구부리고 옆면으로 이동합니다.

[뒤집어서 세우기]
바닥을 엮고 나면 바닥 부분을 뒤집은 후에 수직으로 세웁니다. 바구니의 바깥쪽 짜임을 보며 시계방향으로 엮습니다.

[그대로 세우기]
속이 얕아서 바구니 등의 안쪽이 눈에 띄는 것은 바닥을 뒤집지 않고 그 상태로 안쪽 짜임을 보며 시계방향으로 엮습니다.

[짜임 늘림]
엮어가는 동안 날대의 간격이 넓어졌을 때 짜임을 늘리는 방법을 말합니다.

[원형재]
엮는 모양이 둥근 경우 심을 자르지 않고 이어서 엮어나가는 소재를 말합니다.

[가방 모양 틀]
가방을 만들 때 형태를 잡기 위해 사용하는 도구입니다. 골판지상자나 합판 등을 잘라서 조립해 만듭니다.

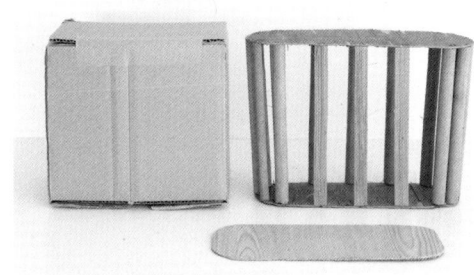

다양한 소재로 만든 틀.

호두나무로 만든 가방과 골판지상자로 만든 틀(이 틀은 가방 높이보다 높게 제작했지만 높이가 같아도 무방하다). 틀 덕분에 예쁜 사각 가방을 완성할 수 있다.

[단 없애기]
시작 부분부터 1바퀴를 엮고 같은 방법으로 2바퀴, 3바퀴를 엮어나가면 나선 모양이 만들어집니다. 나선 모양으로 만들지 않을 때 사용하는 방법을 '단 없애기'라고 하며 1바퀴를 엮을 때마다 1단이 원형이 되도록 처리합니다.

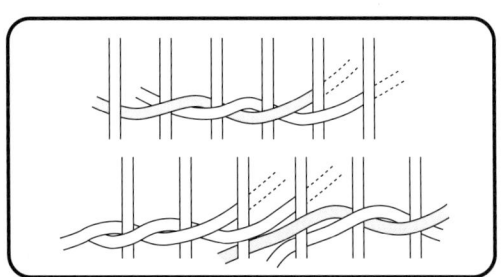

작품을 만드는 방법

이 책에서 소개한 작품을 만드는 방법입니다.

P. 17

막엮기로 만든 빵 바구니

[완성 치수] 35cm×24cm×높이 5cm

[재료] 내추럴 색상의 라탄(환심, 굵기 2.5mm) 80g, 홍차로 염색한 갈색 라탄(환심, 굵기 2.5mm) 20g, 라탄(환심, 굵기 8mm) 2m, 방수 테이프, 와이어, 끈

[준비] 틀로 삼을 굵기 8mm의 환심 1m, 날대 38cm 2줄, 25cm 4줄을 활 모양으로 구부려서 형태를 잡는다.

[만드는 방법]

1 틀을 만든다

물에 담가서 부드럽게 한 굵기 8mm의 환심을 타원으로 만든다. 끝부분을 비스듬히 잘라서 겹쳐 잇고 방수 테이프로 감는다.

2 엮어나간다

38cm짜리 날대 2줄을 와이어로 틀 가운데에 임시 고정한다. 그림과 같이 갈색으로 물들인 심으로 엮기 시작해서 틀에 감아 사릿대가 평행해지도록 3cm 정도 엮는다.

내추럴 색상으로 바꿔서 1cm 정도 엮은 후 날대의 양쪽에 25cm짜리 날대의 끝부분을 비스듬히 잘라서 꽂아 넣는다. 1cm 정도 엮고 나면 다시 양쪽에 날대를 꽂아 넣어 엮는다.

3 반대쪽에서 엮는다

3~4cm 앞에서 색을 바꾸고 날대를 고정해서 반대쪽에서 엮는다.

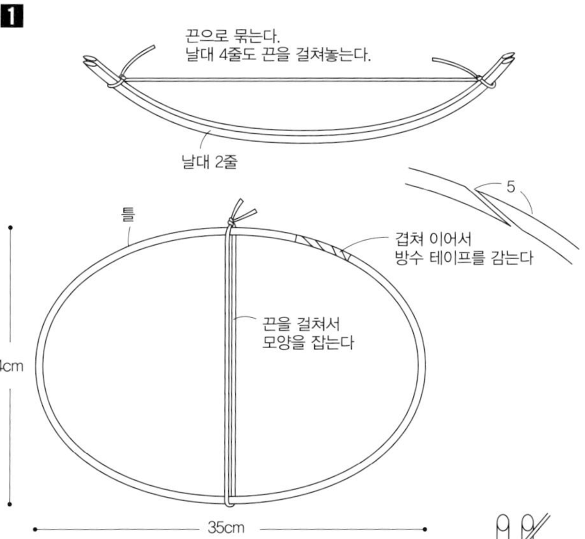

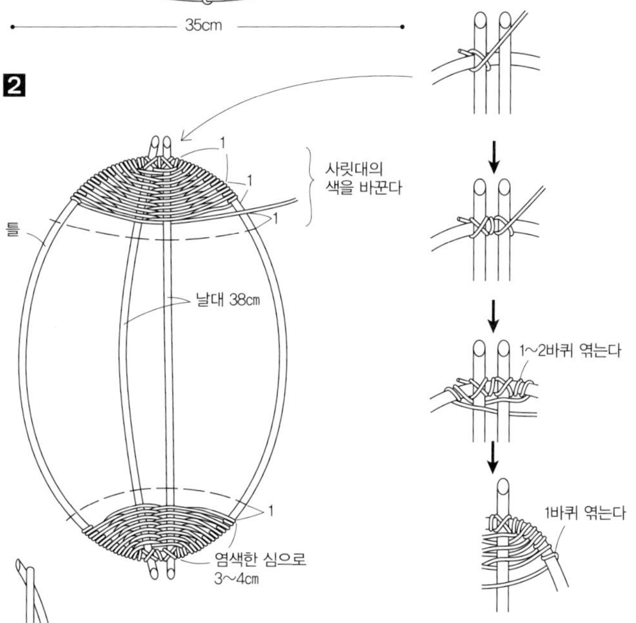

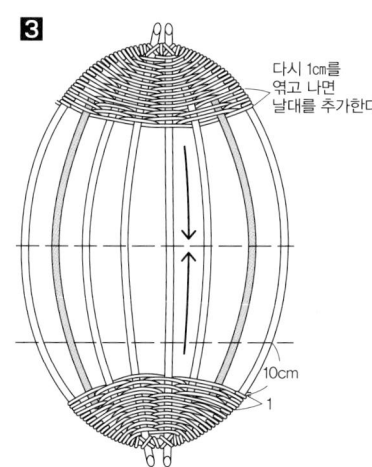

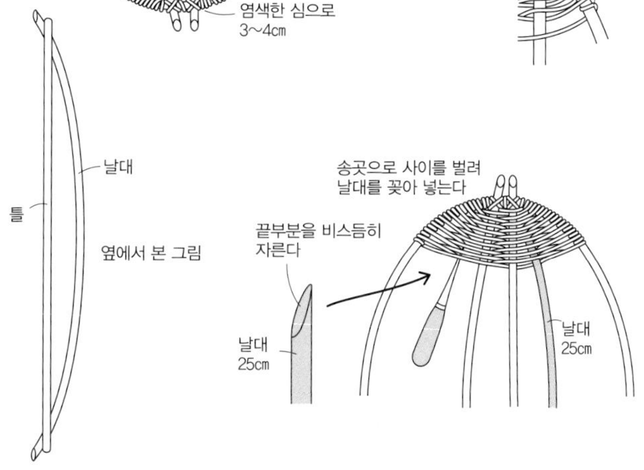

P. 21

회오리엮기로 만든 메밀국수 채반

[완성 치수] 지름 24cm×높이 3cm
[재료] 라탄(환심, 굵기 2mm) 30g, 피등(환심, 굵기 3mm) 30g, 피등 테두리용(환심, 굵기 5mm) 65cm
[준비] 굵기 2mm 환심을 날대용으로 44cm짜리 10줄, 덧날대용으로 15cm짜리 18줄, 12cm짜리 36줄로 자른다.

[만드는 방법]

1 십자바닥을 짠다
날대를 5줄씩 십자 모양으로 놓고 사릿대로 2바퀴를 엮은 후 뒤집어서 2바퀴를 엮는다.

2 회오리엮기를 한다
날대를 2줄씩 나눠서 1바퀴를 엮고 나면 마지막 1줄을 잘라서 홀수로 만든다. 지름 7cm까지 엮는다.

3 피등으로 바꿔서 덧날대를 꽂아 엮는다
날대 옆에 15cm짜리 덧날대를 꽂은 후 피등으로 바꿔 날대를 1줄씩 나눠서 지름 13cm까지 엮는다. 다시 12cm짜리 덧날대를 꽂아서 날대를 안쪽으로 구부려가며 지름 22cm까지 엮는다.

4 테두리를 마무른다
2줄꼬아엮기로 2바퀴를 엮고 사릿대를 꽂아 넣는다. 날대를 5cm로 잘라낸다.

5 테두리를 처리한다
a 날대에 분무기로 물을 뿌려서 부드럽게 만든 후 날대 1줄을 옆 날대 바깥쪽에서 안쪽으로 뺀다. 다시 옆 날대 위를 지나 바깥쪽으로 빼서 2cm로 잘라낸다.
b 5mm짜리 환심을 테두리 둘레에 대고 피등으로 감는다.

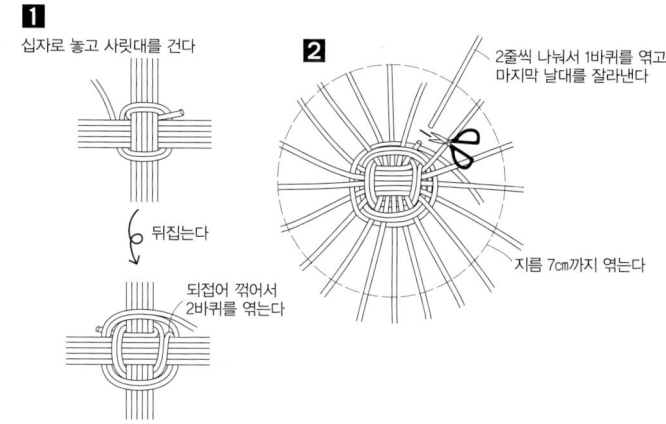

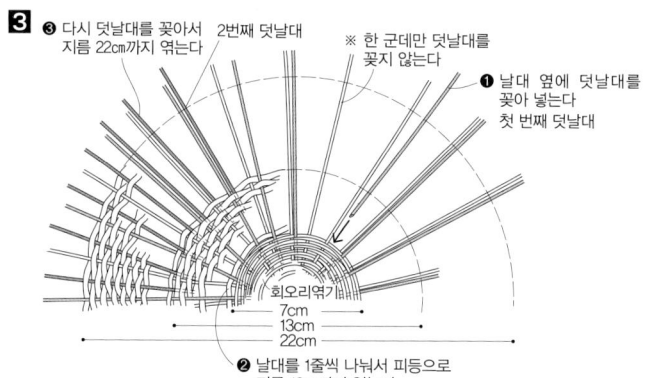

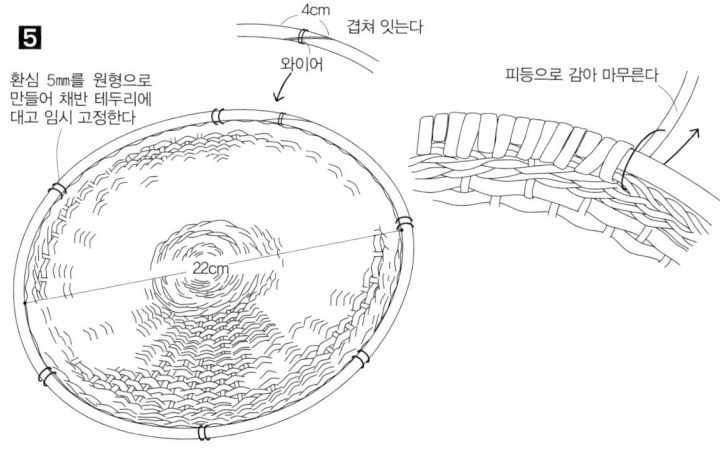

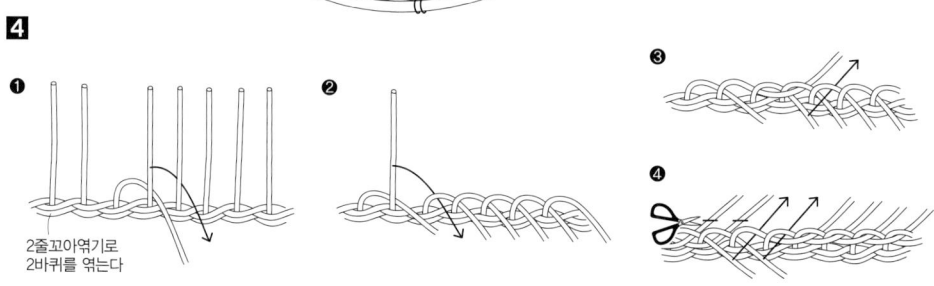

P. 25

3줄꼬아엮기로 만든 연필꽂이

[완성 치수] 입구 8cm×8cm×높이 12cm
[재료] 내추럴 색상의 라탄(환심, 굵기 1.5mm) 25g, 염색한 라탄(남색, 녹색, 청록색 등) 각 5g, 평심(12mm) 60cm
[준비] 환심을 날대용으로 35cm 16줄, 덧날대용으로 18cm 2줄로 자르고, 평심을 절반 길이로 자른다.

[만드는 방법]

1 우물정바닥으로 엮기 시작한다
a 날대를 4줄씩 우물정 모양으로 2바퀴를 엮고 다시 반대쪽으로 2바퀴를 엮는다.
b 날대 2줄을 날대 옆에 꽂아 넣고 2줄 1쌍으로(총 17쌍) 막엮기해서 8cm 너비까지 엮는다.

2 수직으로 세워서 3줄꼬아엮기로 엮어나간다
뒤집어서 수직으로 세우고 3줄꼬아엮기한다. 3줄 중 1줄은 염색한 심을 사용한다. 엮는 도중에 색을 바꿔서 10cm 높이까지 엮는다.

3 테두리를 처리한다
a 평심 1장만 안쪽 치수에 맞춰서 겹친다. 겹치는 부분은 심을 얇게 만든다. 접착제를 발라 붙인다.
b 날대 안쪽에 a를 대고 바깥쪽에 다른 평심 1장을 a와 같은 방법으로 겹쳐서 사이에 끼워놓는다.
c 위로 삐져나온 날대를 잘라내서 환심으로 평심 부분을 휘갑친다.

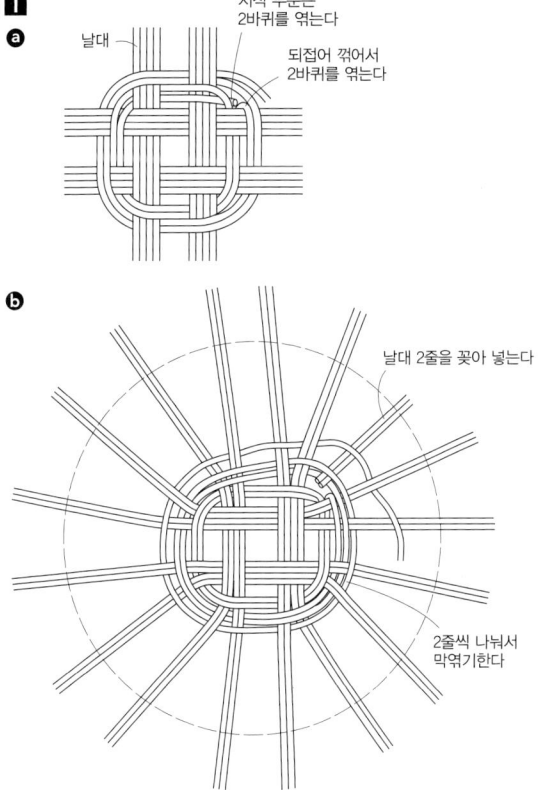

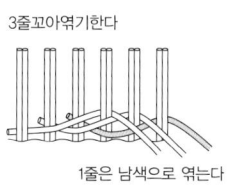

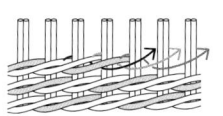

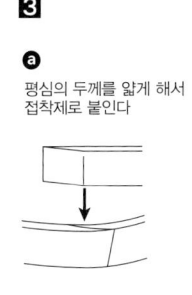

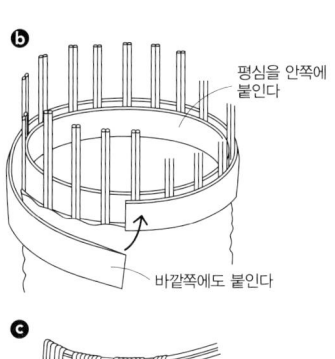

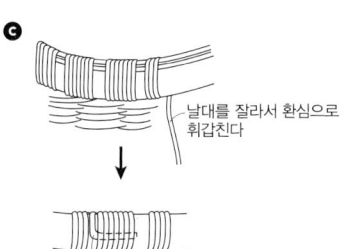

P. 31
물결줄무늬엮기로 만든 가방

[완성 치수] 입구 31cm×13cm×높이 30cm, 손잡이 포함 높이 43cm
[재료] 으름덩굴 800g, 손잡이 감기용 거즈, 가방 모양 틀로 사용하는 합판 또는 골판지상자, 방수 테이프
[준비] 으름덩굴을 날대용으로 105cm 9줄, 덧날대용으로 45cm 60줄, 테두리용으로 85cm 1줄, 손잡이용으로 40cm 6줄로 자른다. 가방 크기에 맞춰서 틀을 만든다. 거즈는 홍차나 커피로 염색한다.

[만드는 방법]
1 바닥을 엮기 시작한다
a 받침대에 2.5cm 간격으로 날대 9줄을 나란히 놓고 위아래 끝에서 45cm 떨어진 부분을 테이프로 고정한다.
b 사릿대를 왼쪽으로 51cm 빼서 막엮기로 엮어나간다. 양끝에서 되접어 꺾어서 접은 선 4개가 생기면 오른쪽으로 51cm를 빼서 잘라낸다. 이 과정을 5회 반복한다.
c 테이프를 벗겨내고 양끝에 심을 막엮기로 더해서 각각 51cm를 남기고 자른다.

2 타원으로 만든다
a 가방 틀 위에 **1**-c를 놓고 타원을 따라 모양을 만들며 **1**과 마찬가지로 접은 선이 3개가 생기면 심을 오른쪽으로 45cm 뺀다. 이 과정을 2회 반복한다. 마지막은 날대의 중심 4줄로 되돌려엮기해서 완만한 모양으로 정리한다. 반대쪽도 같은 방법으로 엮는다.
b 3줄꼬아엮기로 1바퀴를 엮는다.

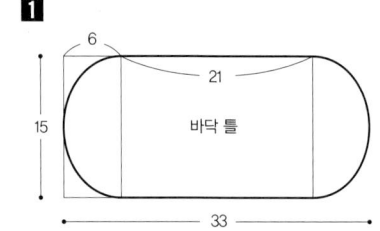

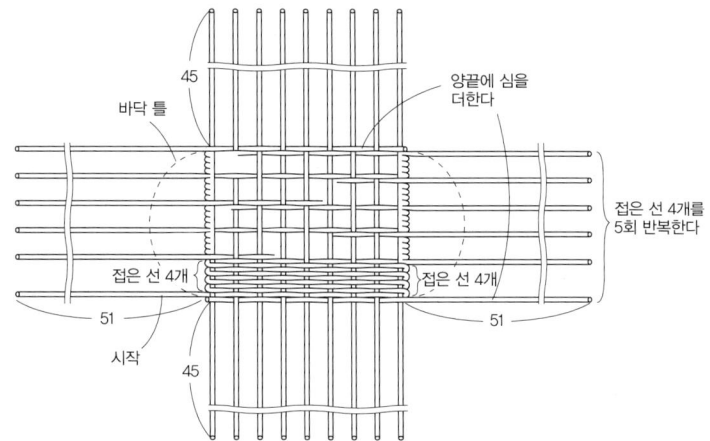

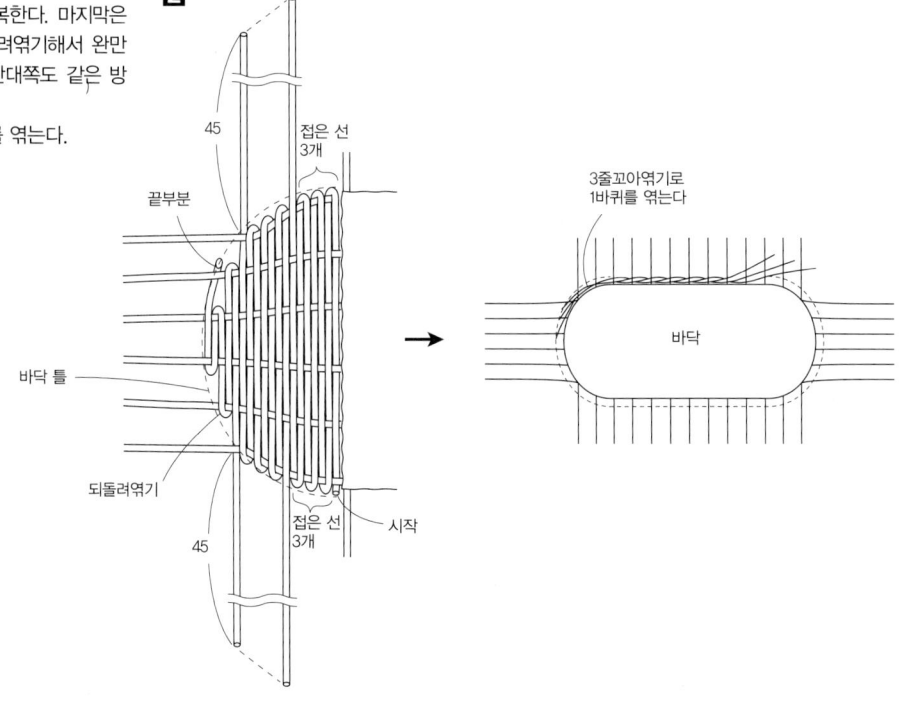

3 뒤집어서 수직으로 세운다
a 바닥의 테두리에 분무기로 물을 뿌려서 부드럽게 만들어 뒤집고 펜치로 집어 수직으로 세운다. 3줄꼬아엮기로 3바퀴를 엮는다.
b 날대 옆에 덧날대를 꽂는다.

4 따라엮기로 엮어나간다
사릿대 1줄을 잘라서 따라엮기의 막엮기로 10cm 정도를 엮는다.

5 3줄 화살깃무늬엮기로 1바퀴를 엮는다

6 물결줄무늬엮기로 12cm를 엮는다

7 3줄 화살깃무늬엮기로 2바퀴를 엮는다

8 감아 마무르기로 테두리를 처리한다
85cm짜리 으름덩굴의 끝을 비스듬히 잘라서 겹쳐 원형으로 만들어 테두리 바깥쪽에 대고 3줄 건너뛰어 감아 마무르기로 테두리를 장식한다. 마지막은 다른 한쪽 심도 비스듬히 잘라서 5cm 정도를 겹친다. 안쪽으로 나온 심을 처리한다.

9 손잡이를 단다
a 손잡이는 중심에서 좌우 7.5cm 떨어진 부분에 단다. 길이 40cm짜리 심을 3줄 1쌍으로 해서 꽂아 넣는다.
b 거즈를 폭 5cm 정도로 잘라서 반으로 접어 손잡이에 감고 지름 1cm 정도의 굵기로 만든다. 그 위에 방수 테이프를 감는다.
c 사릿대로 둘둘 감아서 고정한다.

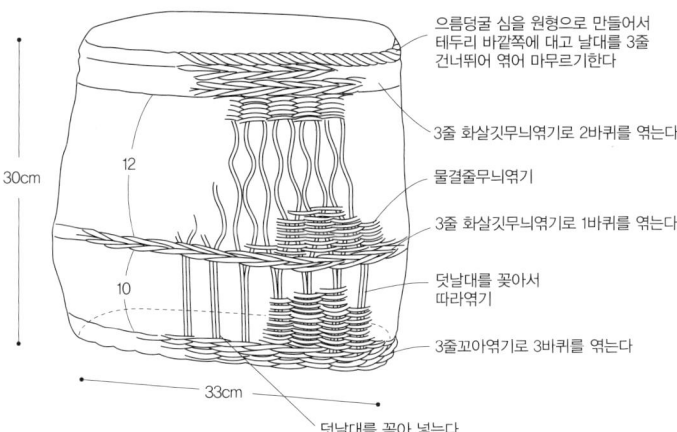

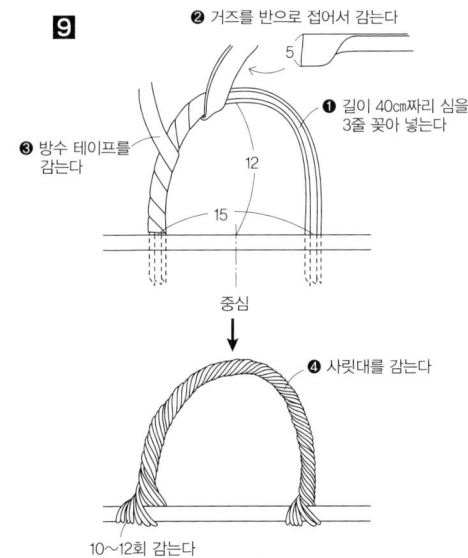

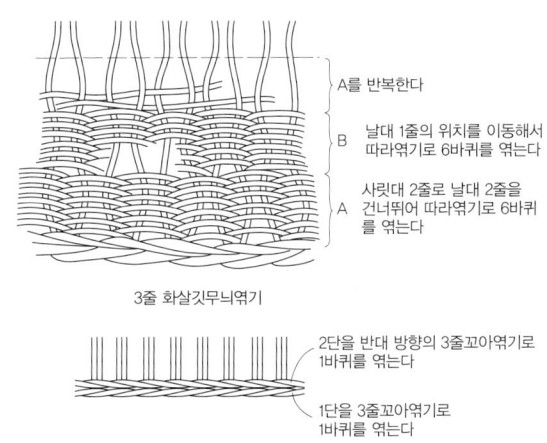

3줄 화살깃무늬엮기

P. 44

바둑판무늬엮기로 만든 펜던트 (머루나무)

[완성 치수] 5cm×5cm
[재료] 머루나무 껍질 8mm×20cm 4줄, 유리구슬 1개, 링 5mm×10cm 1개, 가죽테이프(갈색) 10cm, 가죽끈(스웨이드, 갈색) 1m
[준비] 머루나무 껍질은 캔이나 병에 감아서 펴놓는다.

[만드는 방법]

1 머루나무를 중심에서 꺾는다
머루나무 껍질을 반으로 꺾고, 그 사이에 가로 방향으로 1줄을 넣는다.

2 다시 엮는다
세로에 1줄을 더해서 안쪽과 겉쪽이 번갈아 보이게 하며 되접어 꺾는다. 필요한 줄수까지 반복한다.

3 끝부분을 겹친다
모서리까지 엮고 나면 끝부분을 그대로 겹쳐놓는다. 다음으로 ❸을 엮는다. 이 과정을 ❷, ❶의 순서대로 반복한다.

4 모서리 부분을 마무리한다
마지막 모서리 부분은 ❶'는 세로로 꽂아 넣고 안쪽에 그대로 둔 ❶은 비스듬히 잘라낸다.

5 가죽테이프를 붙인다
가죽 테이프를 군데군데 통과시킨 다음, 끝은 안쪽에 접착제로 붙여 정리한다.

6 링을 만든다
머루나무 껍질을 고리 모양으로 만들어서 접착제로 붙인다.

7 유리구슬과 링을 끼운다
가죽끈을 펜던트에 끼우고 유리구슬과 링도 끼운다.

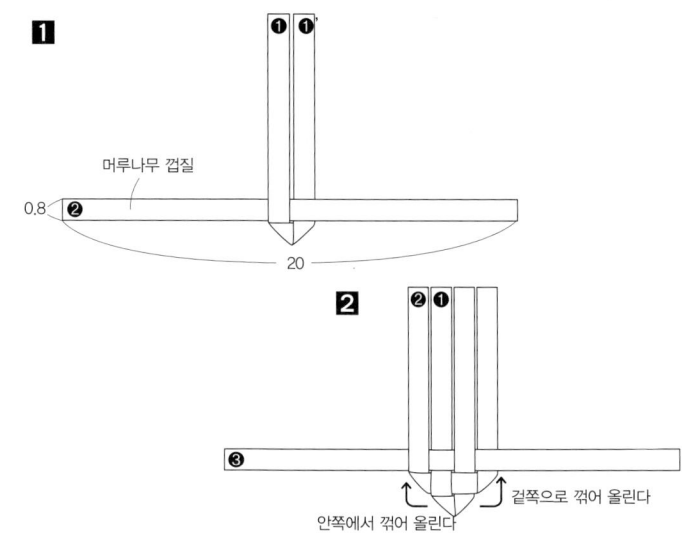

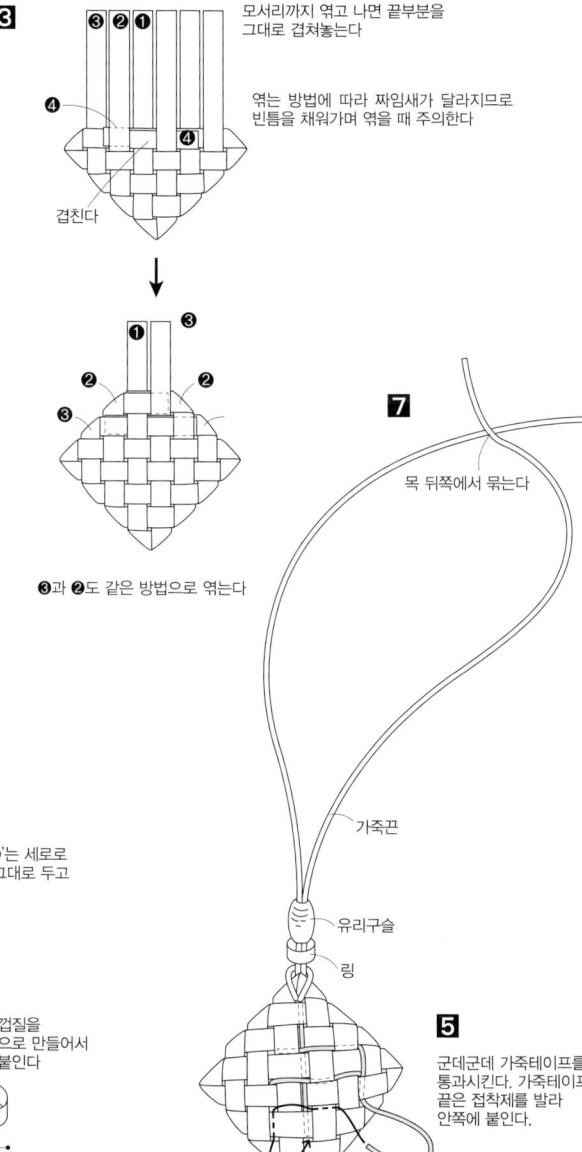

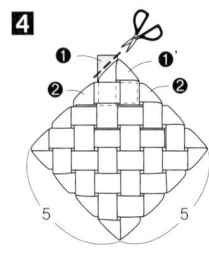

마지막 모서리 부분의 ❶'는 세로로 꽂아 넣고 ❶은 안쪽에 그대로 두고 비스듬히 잘라낸다

머루나무 껍질을 고리 모양으로 만들어서 접착제로 붙인다

P. 44

바둑판무늬엮기로 만든 펜던트 (호두나무)

[완성 치수] 10cm×7.5cm
[재료] 호두나무 껍질 1cm×30cm 4줄, 링 6~7mm×10cm 1개, 유리구슬 1개, 둥근 가죽끈(모스그린) 1m
[준비] 호두나무 껍질은 캔이나 병에 감아서 펴놓는다.

[만드는 방법]

1 호두나무를 중심에서 꺾는다
호두나무 껍질을 반으로 꺾고, 그 사이에 가로 방향으로 1줄을 넣는다.

2 다시 엮는다
세로에 1줄을 더하고 안쪽과 겉쪽이 번갈아 보이게 하며 되접어 꺾는다. 필요한 줄수까지 반복한다.

3 끝부분을 겹친다
모서리까지 엮고 나면 끝부분을 그대로 겹쳐놓는다. 다음으로 ❸을 엮는다. 이 과정을 ❷, ❶의 순서대로 반복한다.

4 모서리 부분을 마무리한다
마지막 모서리 부분은 직사각형으로 만들기 위해서 4줄째 되접어 꺾는 부분을 한쪽 한 군데만 길게 해서 엮고 끝을 자른다.

5 링을 만든다
호두나무 껍질을 고리 모양으로 만들어서 접착제로 붙인다.

6 유리구슬과 링을 끼운다
가죽끈을 펜던트에 끼우고 유리구슬과 링도 끼운다.

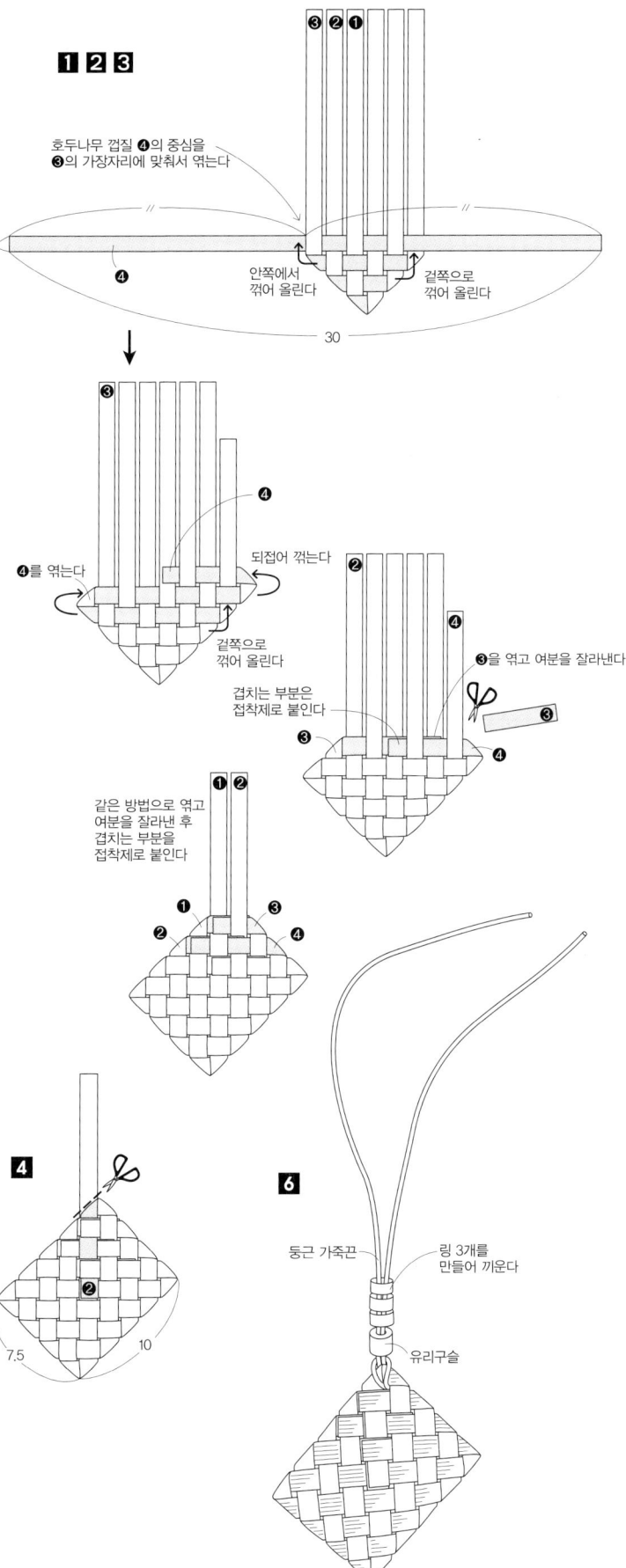

무지엮기로 만든 가방

[완성 치수] 입구 22cm×12cm×높이 19cm, 손잡이 포함 높이 33cm

[재료] 흰색 피등(3mm) 40g, 테두리용 베이지색 피등(2mm) 약간, 내추럴색 라탄 환심(1.75mm) 30g, 손잡이용 헴프사(굵기 1mm) 70g, 손잡이용 베이지색 면 리본끈(폭 1cm) 3m, 분홍색 면 리본끈 약간, 안주머니용 오건디 140cm×70cm, 안주머니용 리본끈(폭 8mm) 1m

[준비] 환심과 피등은 물에 15분 정도 담가놓는다.

[만드는 방법]

1 환심을 U자형으로 구부린다
환심 2줄을 합쳐서 15cm 길이의 U자형을 만든다. U자형 부분에 피등을 통과시키고 피등의 중심 쪽부터 각각 안쪽에서 바깥쪽으로 3~4회 감아 엮기 시작한다.

2 피등을 교차시켜서 엮는다
U자의 폭은 1.5cm 정도로 정한다.

3 2바퀴째를 엮는다
2바퀴째를 엮을 때는 곡선 부분의 심을 감는 방법에 주의해야 한다.

4 바닥 크기가 26cm 될 때까지 엮어 나간다
그대로 바닥 크기까지 엮는다.

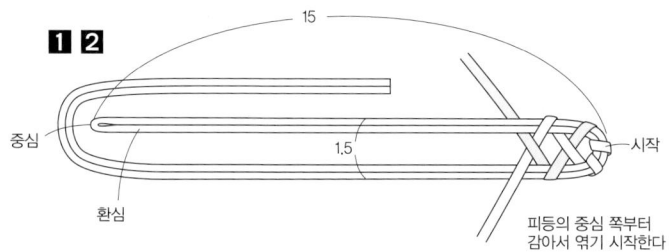

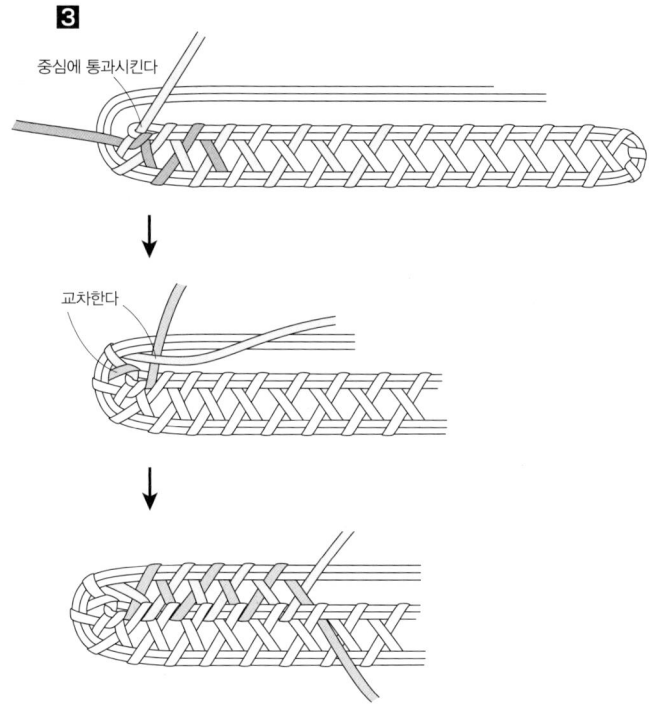

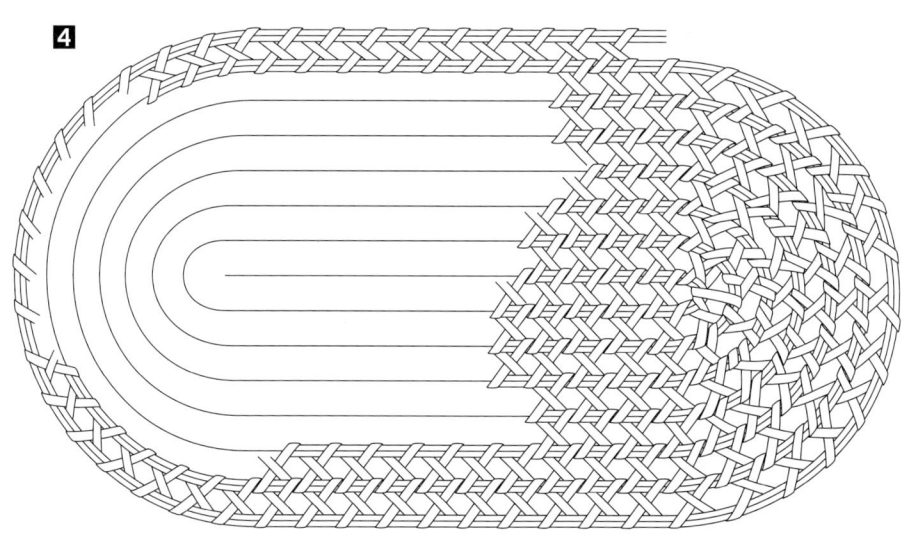

5 뒤집어서 수직으로 세운다

뒤집어서 수직으로 세우고 너비를 줄여 가며 높이 13cm까지 엮는다. 중심의 10cm는 새로 환심을 추가해서 산 모양으로 만들어 엮는다. 반대쪽도 같은 방법으로 한다.

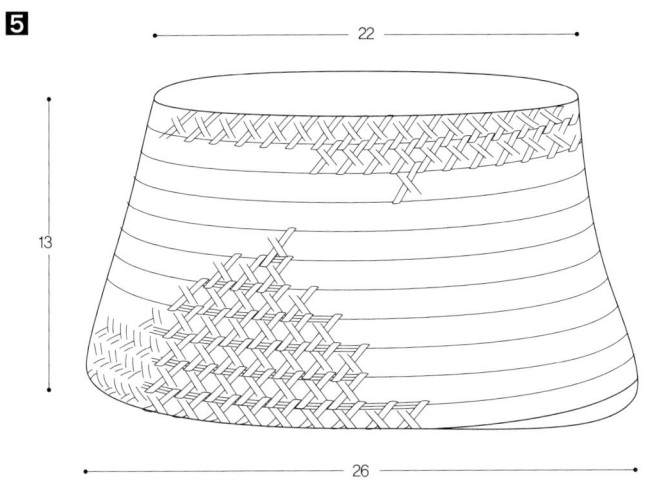

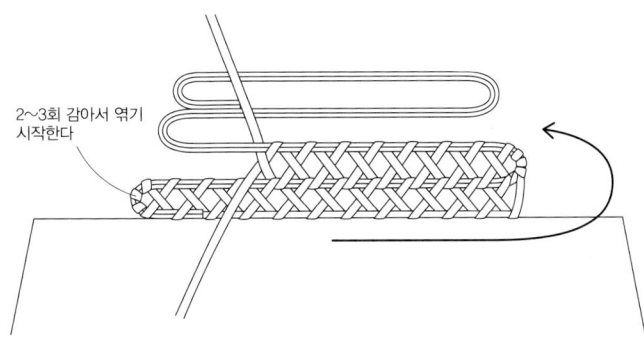

2~3회 감아서 엮기 시작한다

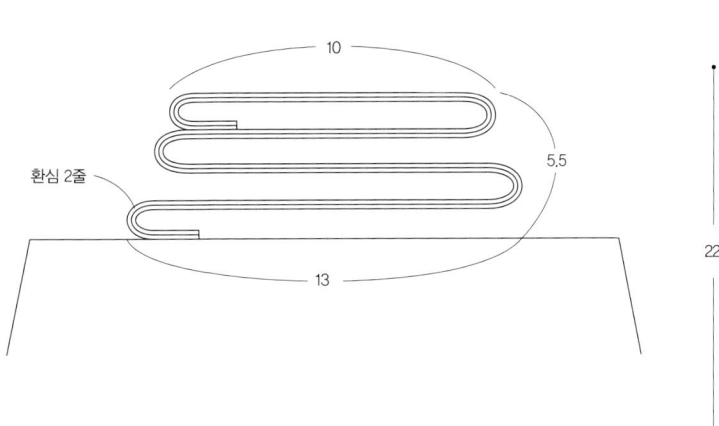

환심 2줄

6 테두리를 처리한다
바구니 테두리에 1.75mm짜리 환심을 대고 2mm짜리 피등으로 감는다.

7 손잡이를 단다
헴프사를 폭 1cm가 되게 모아 테이프를 감는다. 위쪽을 리본끈으로 감고 아래쪽에서 2cm 떨어진 곳을 묶어 술을 만든다. 2개를 만들어서 가방에 고정한다.

8 안주머니를 만든다
그림과 같이 2장을 준비해서 안주머니를 만든다.

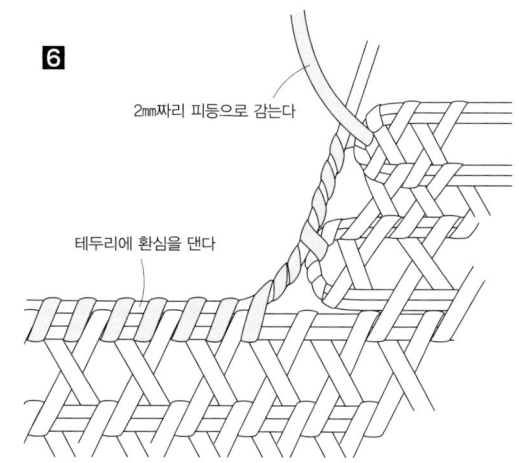

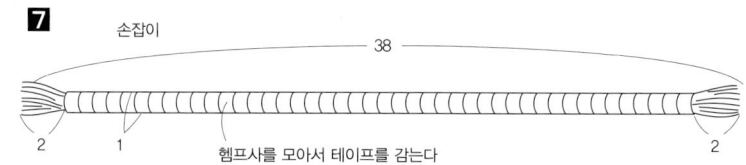

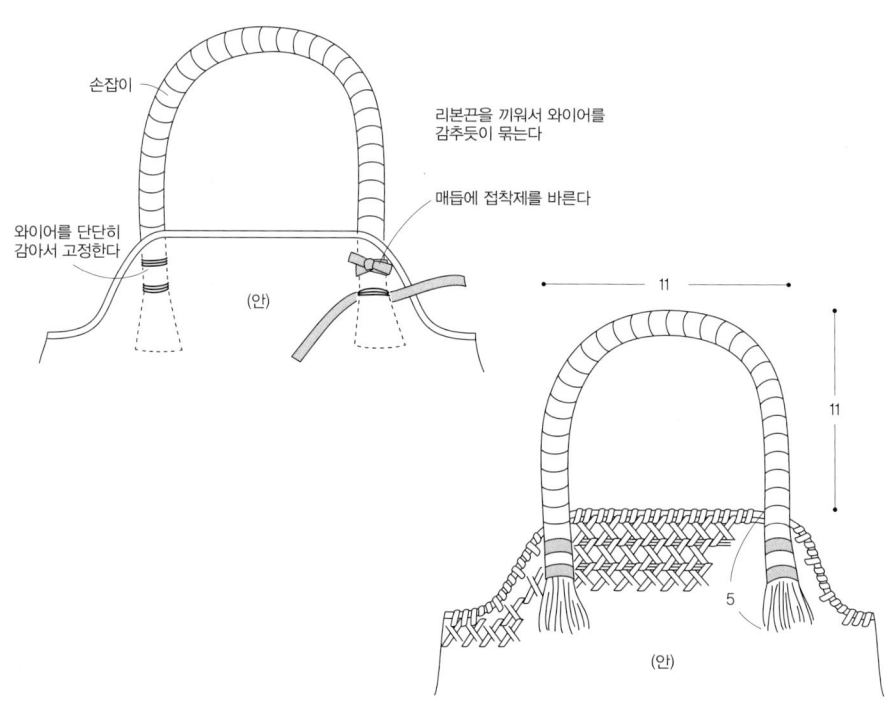

8

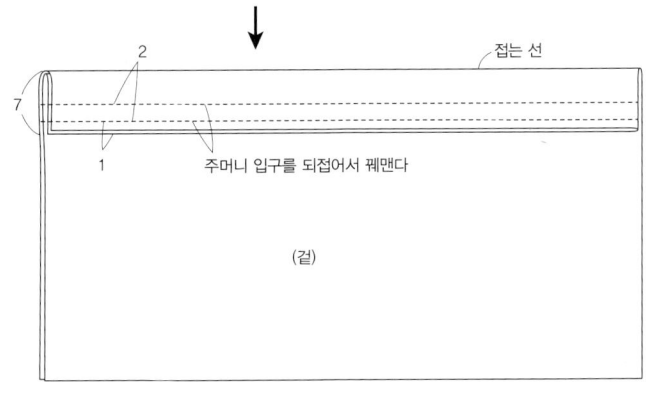

44
140
반으로 접는다
접는 선
오건디 (겉)

7
2
1
접는 선
주머니 입구를 되접어서 꿰맨다
(겉)

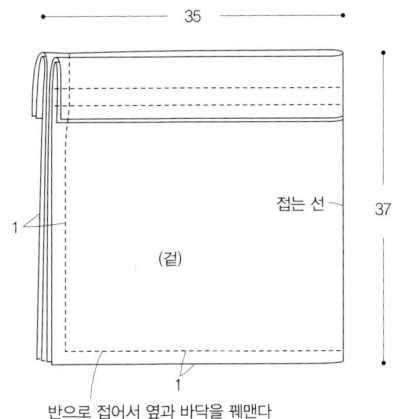

35
37
1
1
접는 선
(겉)
반으로 접어서 옆과 바닥을 꿰맨다

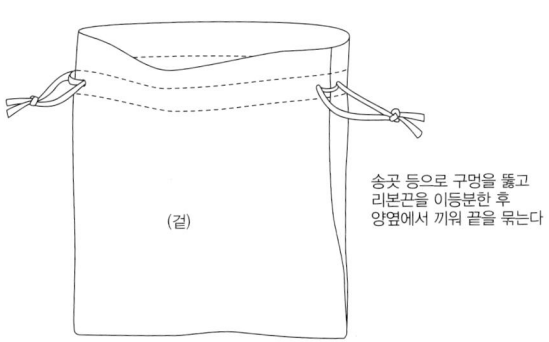

(겉)
송곳 등으로 구멍을 뚫고
리본끈을 이등분한 후
양옆에서 끼워 끝을 묶는다

P. 54

한쪽으로 비스듬한 어살엮기로 만든 장바구니

[완성 치수] 입구 27cm×16cm×높이 23cm, 손잡이 포함 높이 35cm

[재료] 내추럴색 피등(3mm) 200g, 테두리용 피등(평심 12mm) 80cm 2줄, 손잡이용 피등(5mm) 35cm 6줄, 목재 가방 틀 25cm×12cm×높이 15cm, 못, 와이어(#32) 또는 헴프사(1mm), 거즈(15cm×2mm), 종이테이프

[준비] 피등은 물에 담가놓는다. 피등을 날대 65cm 72줄, 가로심 85cm 23줄로 자른다. 거즈는 피등과 색이 비슷한 홍차 등으로 염색해 눈에 띄지 않게 한다.

[만드는 방법]
1 바닥을 짠다
가방 틀을 뒤집어서 바닥면에 날대를 와이어 2줄로 꼬아엮기하고 군데군데 못을 박아서 고정한다(72줄). 가로심을 가장자리에서 3줄 건너뛰어 3줄 위, 3줄 아래로 엮는다. 2단은 1칸씩 위치를 이동한다. 같은 방법으로 바닥을 짠다.

2 수직으로 세운다
가방 틀을 안쪽으로 해서 가로를 수직으로 세워서 옆면을 3줄 건너 3줄 떠올려 엮어나간다. 너무 빡빡하게 엮으면 바닥판이 빠지지 않으므로 주의한다. 심을 추가할 때는 1cm 정도 겹쳐 잇기를 한다. 심은 긴 상태로 돌려가며 엮는다. 가방 틀은 엮는 도중에 빼고 위쪽까지 엮는다.

3 테두리를 처리한다
테두리 안쪽에 12mm짜리 평심을 대고 날대를 5cm 걸러 안쪽에 넣어 사이에 끼운다. 다른 평심 1줄을 바깥쪽에 대고 군데군데 와이어로 임시 고정한다. 남은 날대는 잘라낸다. 3mm짜리 피등으로 테두리를 감는다. 이때 피등은 폭이 있기 때문에 감으면 어떻게 해도 빈틈이 생긴다. 신경이 쓰이면 테두리 가장자리의 날대를 펜치로 살짝 집어서 가늘게 만들면 쉽게 감을 수 있다.

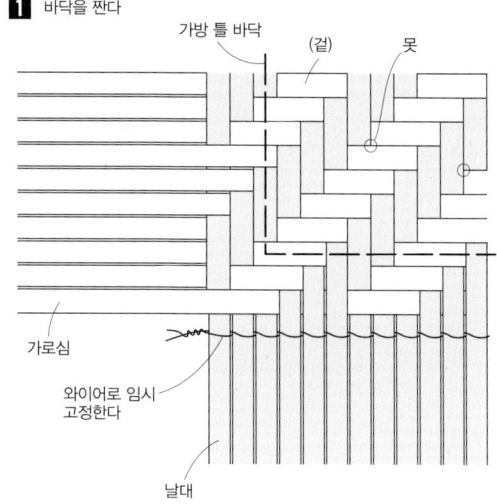

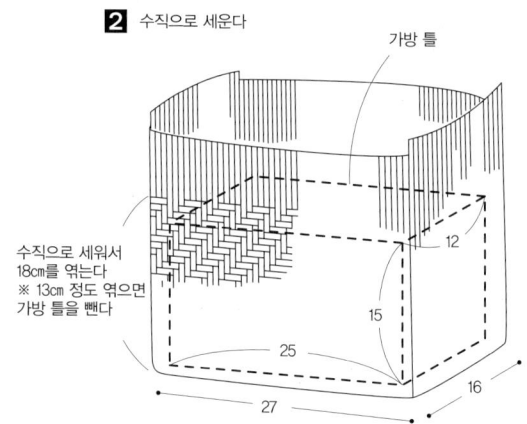

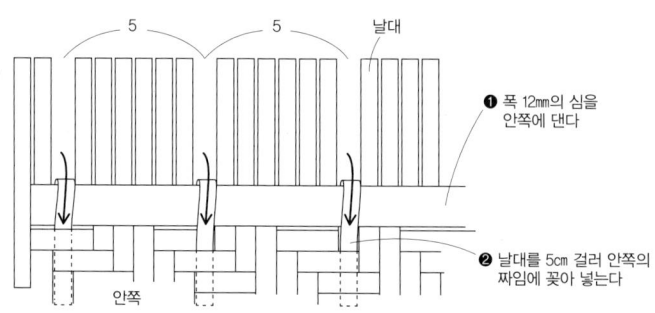

4 손잡이를 단다
5mm짜리 피등을 안쪽에 5cm 정도 꽂아 넣고 와이어로 고정한다. 종이테이프를 감은 후 거즈를 얇고 둥글게 감아서 보강한다. 이때 겹치는 안쪽의 피등은 얇게 깎아놓는다. 3mm짜리 피등을 위에서 감는다.

5 테두리를 처리한다
테두리를 피등으로 감아서 고정한다.

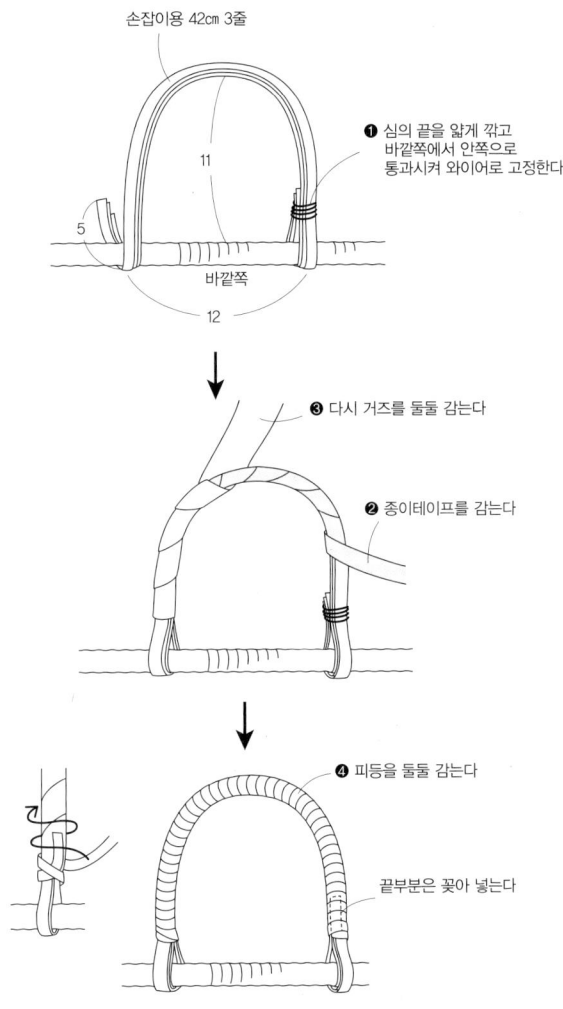

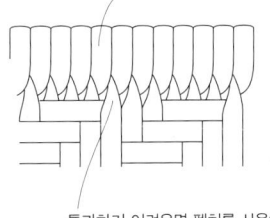

번개무늬 어살엮기로 만든 테이블 매트

[완성 치수] 40cm×32cm
[재료] 내추럴색 피등(3mm) 50g, 흰색 피등(3mm) 50g, 화지 46cm×38cm, 갈색 / 크림색 면 로프(굵기 25mm) 145cm 2줄, 나무틀 50cm×42cm, 떠올리기 도구, 못
[준비] 피등은 물에 담가놓는다.

[만드는 방법]

1 나무틀에 날대를 편다
나무틀에 날대 3mm(내추럴)를 위아래로 걸쳐서 약 46cm를 편다(P. 52 참조).

2 가로심을 넣는다
흰색 피등을 떠올리기 도구를 사용해 실제 치수보다 10cm 정도 길게 통과시켜서 잘라낸다. 무늬를 만들어가며 1줄씩 잘라낸다. 물을 계속 분사해서 피등을 적셔가며 엮는다.

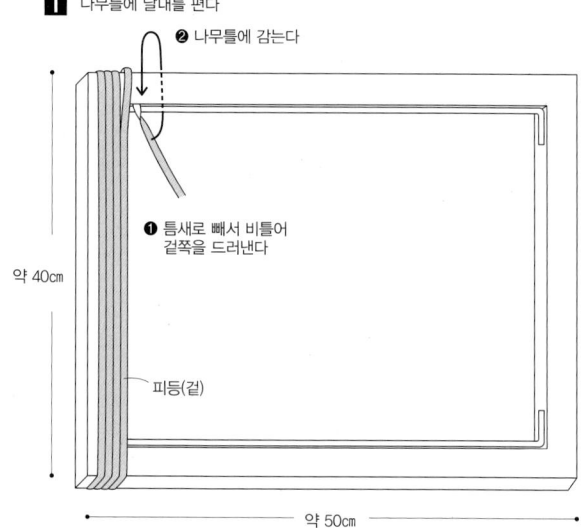

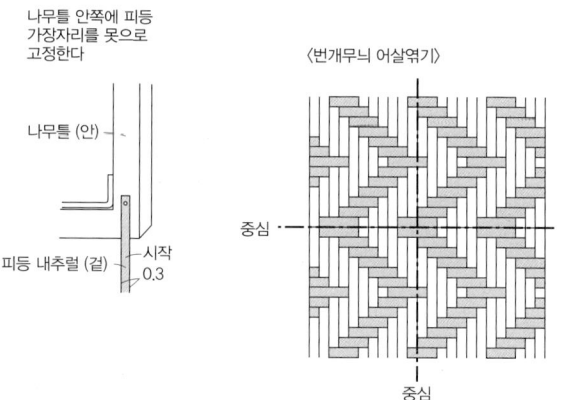

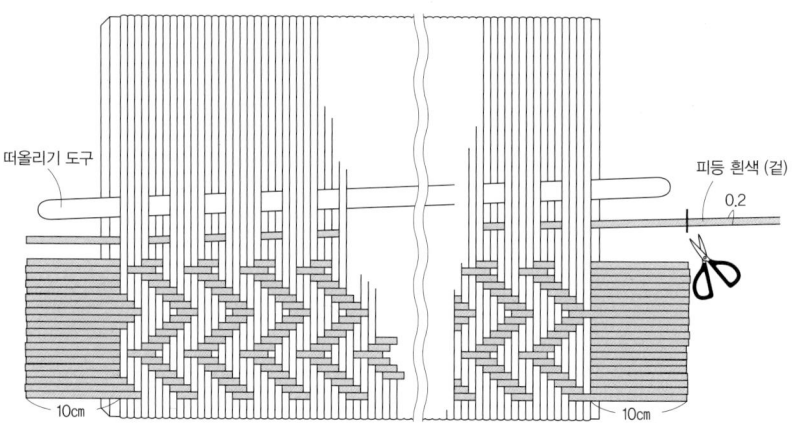

3 안쪽에서 접착제로 붙인다
완성되면 뒤집어서 엮은 면의 네 가장자리(잘라내는 부분)에 접착제를 꼼꼼하게 바른다. 2배 희석한 접착제를 전체에 발라서 화지를 대고 1~2일 정도 말린다. 안쪽이 얇으면 잘 휘기 때문에 주의해야 한다. 다 마르면 나무틀에서 떼어내고 안쪽 면이 보이게 놓고 무거운 돌로 눌러서 4~5일 정도 그대로 둔다.

4 자르고 로프를 단다
자른 부분을 깔끔하게 정돈하고 접착제로 로프를 붙인다(안쪽이 갈색, 바깥쪽이 크림색).

5 말린다
확실히 말린다.

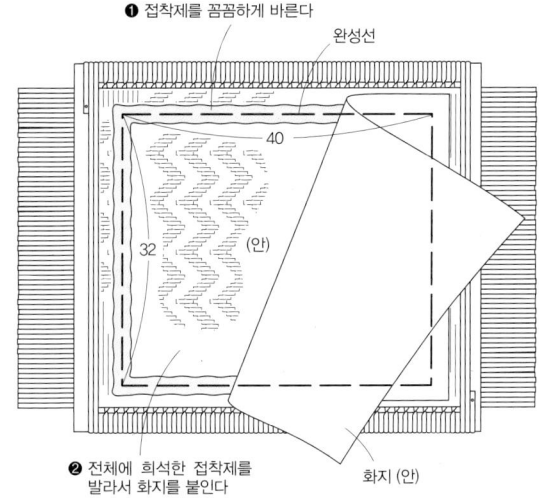

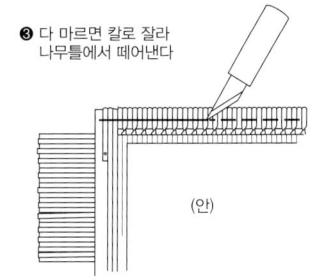

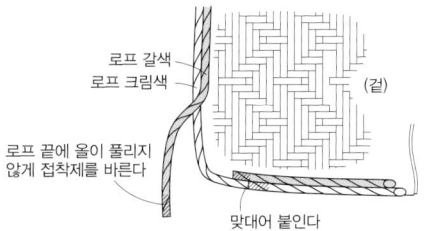

P. 83

조리개모양 어살엮기로 만든 가방

[완성 치수] 입구 40cm×10cm×높이 30cm, 손잡이 포함 높이 50cm
[재료] 내추럴색 피등(4mm) 300g, 테두리 휘갑치기용 피등(굵기 3mm) 4~5줄, 목재 가방 틀 35cm×10cm×25cm, 못, 와이어
[준비] 피등을 날대 90cm 73줄, 가로심 110cm 21줄로 자른다.

[만드는 방법]

1 바닥을 만든다
가방 틀을 뒤집어서 바닥 크기에 맞춰서 3줄 건너뛴 한쪽으로 비스듬한 어살무늬를 엮는다. 와이어를 사용해 2줄꼬아엮기 하고 못으로 군데군데 고정한다.

2 가방 틀을 따라 수직으로 세운다
앞, 뒷면과 옆면의 중심을 정한다. 옆면의 중심에서 도면을 따라 엮어나간다. 25cm 정도 엮으면 나무틀을 뺀다. 자연스러운 곡선을 주며 높이 30cm까지 엮는다. 사릿대는 1단마다 자른다. 이때 같은 위치에서 연결하지 않는다.

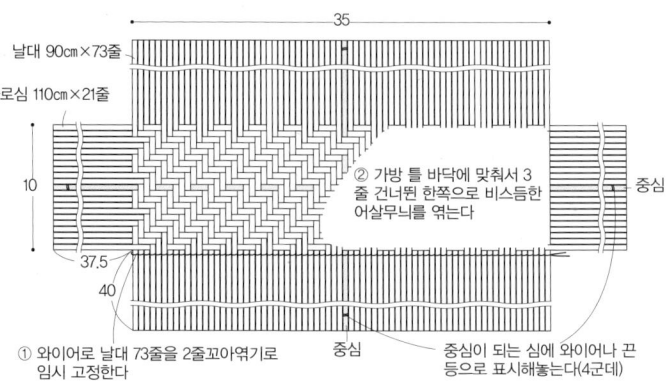

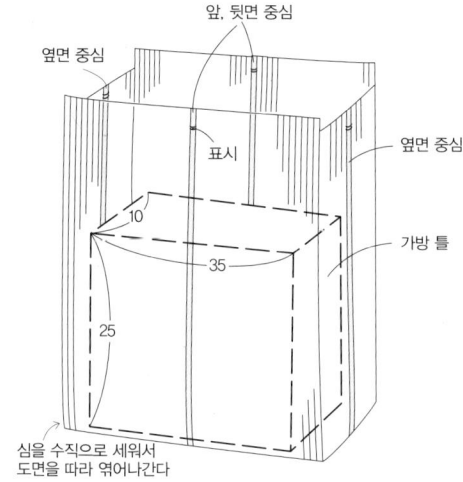

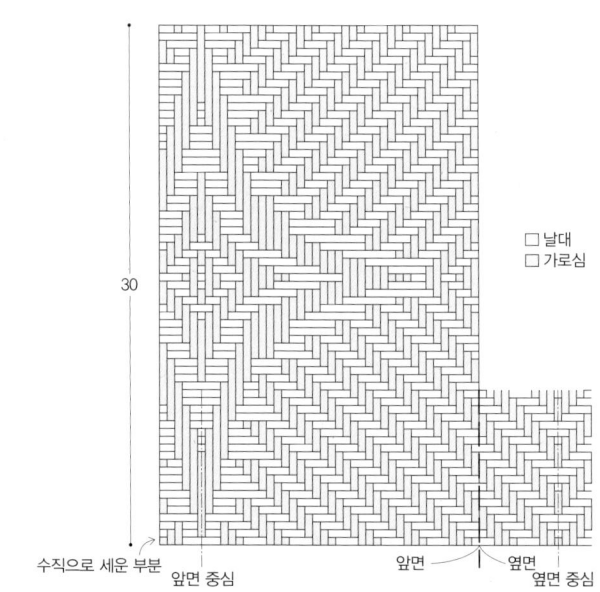

3 테두리는 사선교차줄무늬 휘갑치기를 한다

테두리 안쪽과 바깥쪽에 5mm짜리 피등을 끼우고 와이어로 임시 고정하고, 3mm짜리 피등으로 5줄을 건너뛰어 4줄을 되돌리는 사선교차줄무늬 휘갑치기로 마무리한다.

4 손잡이를 단다

손잡이는 4mm짜리 피등을 3회 왕복시킨다. 마지막은 5cm 남기고 잘라서 와이어로 고정한다. 바구니 테두리에서 3cm 올라간 부분에서 4mm짜리 피등으로 엮는다. 손잡이의 중심 10cm 정도에 줄 넣어 감기를 한다. 손잡이의 폭은 약 1.5cm.

3 테두리는 사선교차줄무늬 휘갑치기를 한다

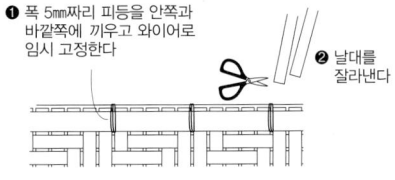

❶ 폭 5mm짜리 피등을 안쪽과 바깥쪽에 끼우고 와이어로 임시 고정한다

❷ 날대를 잘라낸다

❸ 폭 3mm짜리 피등으로 사선교차줄무늬 휘갑치기를 한다

4 손잡이를 단다

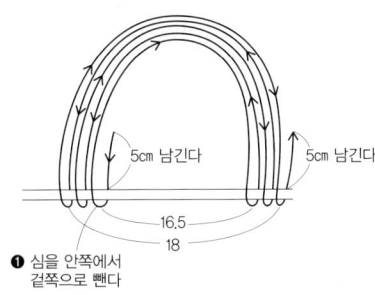

❶ 심을 안쪽에서 겉쪽으로 뺀다

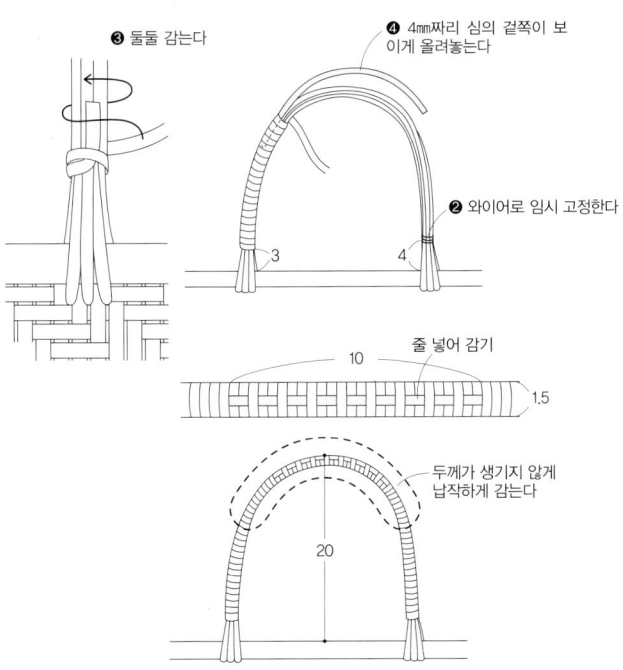

❸ 둘둘 감는다

❹ 4mm짜리 심의 겉쪽이 보이게 올려놓는다

❷ 와이어로 임시 고정한다

줄 넣어 감기

두께가 생기지 않게 납작하게 감는다

퍼지는 어살엮기로 만든 가방

P. 87

[완성 치수] 입구 30cm×9cm×높이 30cm, 손잡이 포함 높이 46cm

[재료] 머루나무 껍질 700g, 가는 헴프사, 임시 고정용 와이어, 방수 테이프, 거즈(홍차로 염색), 가방 틀용 합판 또는 골판지상자 ※ 안주머니를 달 때는 천 36cm×168cm를 준비한다.

[준비] 머루나무 껍질을 폭 5~6mm로 날대용 97cm 37줄, 가로심용 116cm 11줄, 테두리용 폭 1.5cm×길이 80cm 2줄, 사선교차줄무늬 휘갑치기용 폭 3mm×길이 5m 1줄, 손잡이용 폭 1cm×길이 54cm 6줄, 폭 8mm×길이 1.6m 2줄, 손잡이 감기용 심 폭 4mm×길이 4m 1줄로 자른다. 거즈는 홍차로 물들여서 폭 3cm로 자른다. 손잡이에 감는 심은 점점 얇아지게 깎아낸다. 가방 틀을 크기에 맞춰서 만들어놓는다.

[만드는 방법]

1 2 바닥을 짠다
a 받침대에 그림처럼 날대를 2줄꼬아엮기로 고정해서 26cm까지 엮는다.
b 가로심은 3줄 건너뛰어 날대를 떠올린다. 1단마다 엮는 칸의 위치를 이동한다.
c 둘레를 헴프사로 임시 고정한다.

3 뒤집어서 수직으로 세운다
바닥 가장자리를 단단한 것으로 살짝 눌러 자국을 내서 수직으로 세운다.

4 어살엮기로 엮는다
a 바닥에 틀을 대고 못으로 박아 고정한다. 어살엮기(퍼지는 어살엮기)로 엮는다.
b 27cm 정도까지 엮고 나면 2~3mm로 자른 머루나무 껍질을 사용해 2줄꼬아엮기로 2바퀴를 엮는다.

5 테두리를 처리한다
a 날대를 6cm로 자른다.
b 폭 1.5cm짜리 껍질 80cm를 테두리 안쪽에 대고 5cm 걸러 안쪽에 넣어 사이에 끼운다. 다른 평심 1줄을 바깥쪽에 대고 군데군데 와이어로 임시 고정한다. 남은 날대는 잘라낸다.

사선교차줄무늬 휘갑치기를 한다
길이가 긴 심으로 테두리를 사선교차줄무늬 휘갑치기한다.

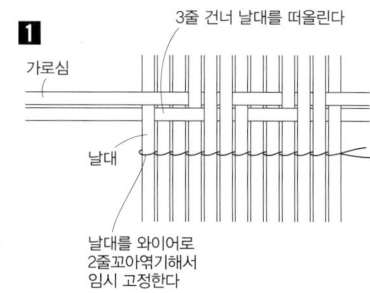

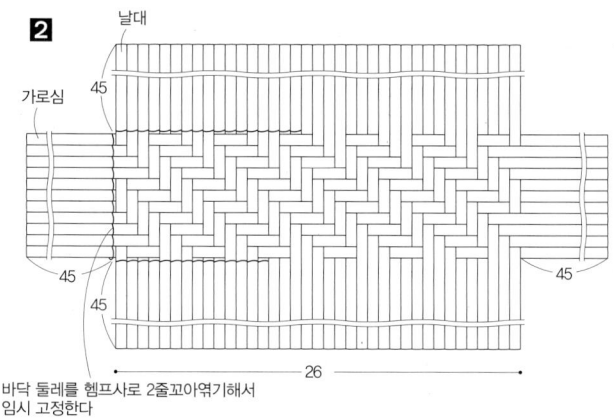

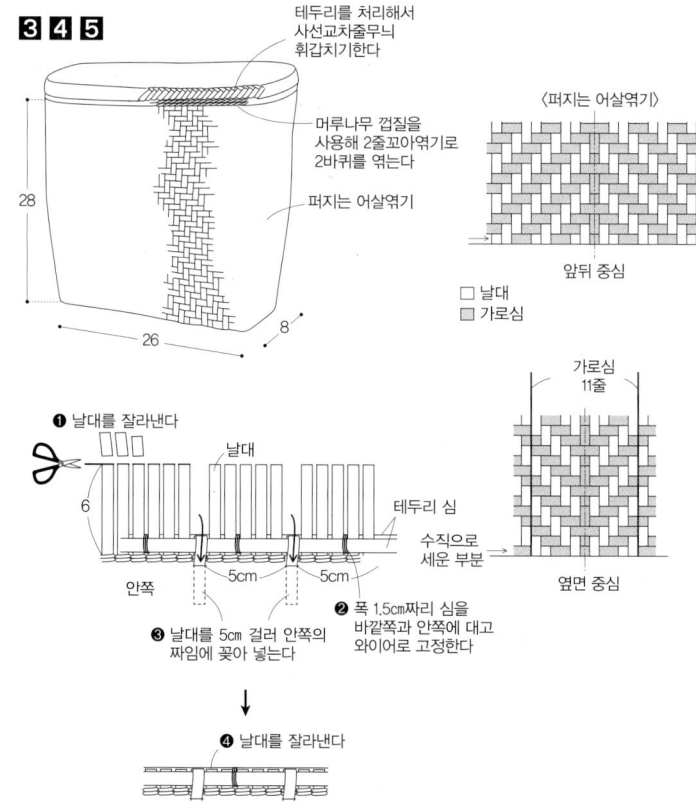

6 손잡이를 단다

a 손잡이용 54cm짜리 심 3줄을 바깥쪽에서 안쪽으로 5cm 정도 빼고 바깥쪽에 심과 함께 와이어로 고정한다. 이때 5cm짜리 심의 끝부분을 얇게 깎아서 두꺼워지지 않게 한다.

b 폭 3cm로 자른 거즈를 반으로 접어서 손잡이 연결 부위에서 비스듬히 위쪽으로 감고 반대쪽까지 감는다. 1cm 두께가 될 때까지 여러 번 감고 위에 방수 테이프를 감는다.

7 손잡이용 심은 껍질 안쪽이 보이게 감는다

손잡이용 심을 손잡이 연결 부위에서부터 감기 시작해 곡선이 생기는 부분 전부터 손잡이 위쪽에 8mm짜리 심을 껍질 겉쪽이 보이게 올려놓는다. 사릿대로 1줄 걸러 칸을 엮고 반대쪽의 같은 위치까지 감는다.

8 안주머니를 달 경우

그림과 같이 주머니를 만들고 테두리 바로 아래쪽에 낚싯줄로 꿰매 단다. 주머니의 길이를 조금 길게 해 테두리 중심에서 접어 사용해도 좋다.

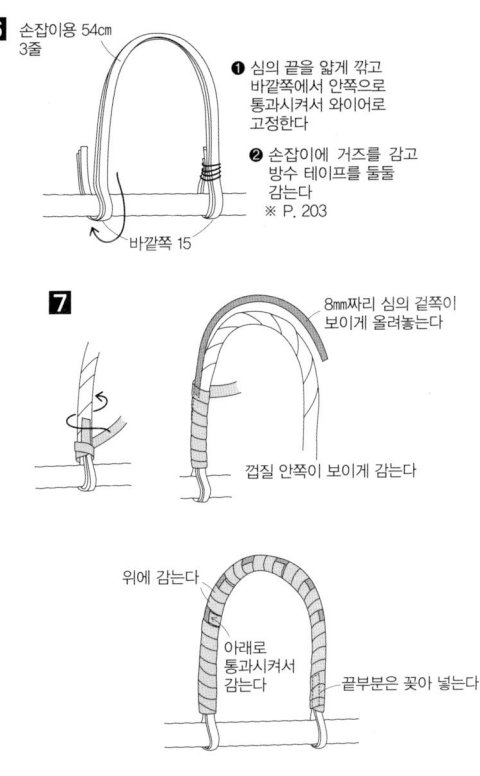

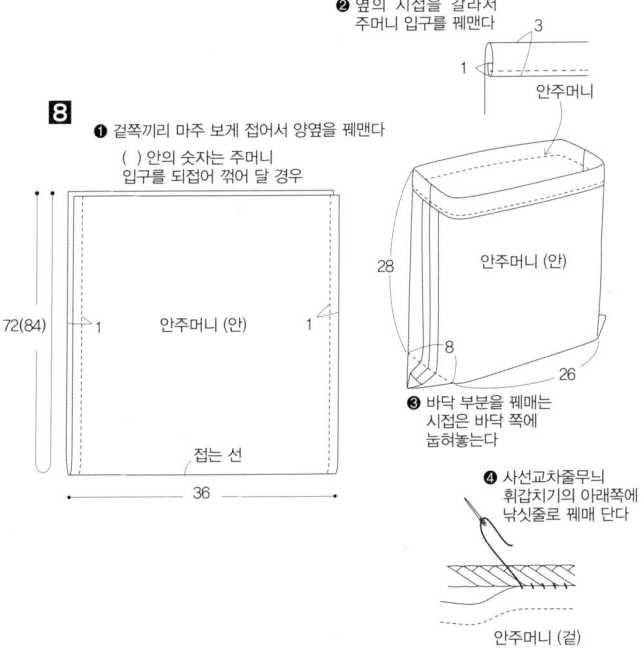

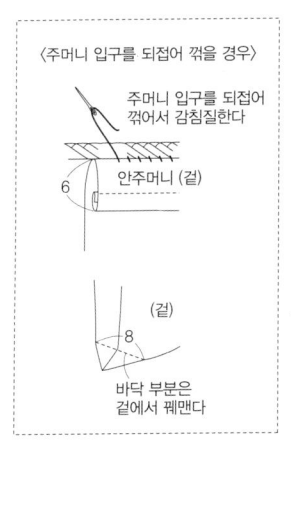

P. 89
한쪽사각무늬 어살엮기로 만든 검은 가죽 손잡이가 달린 가방

[완성 치수] 입구 32cm×12cm×높이 22cm
[재료] 내추럴색 피등(4mm) 300g, 평심(12mm) 80cm 2줄, 흰색 피등(3.5mm) 1~2줄, 안감용 천 30cm×68cm, 손잡이용 검은 가죽 50cm 2줄, 목재 가방 틀 25cm×12cm×높이 20cm, 가는 와이어, 못, 낚싯줄
[준비] 피등을 날대 80cm 66줄, 가로심 90cm 32줄로 잘라서 물에 담가놓는다.

[만드는 방법]
1 바닥을 만든다
가방 틀을 뒤집어서 바닥 부분에 날대를 와이어로 2줄꼬아엮기하며 못으로 군데군데 고정한다. 4줄 건너뜀 한쪽사각무늬 어살엮기로 가로심을 넣어간다. 심은 1단마다 자른다.

2 중심 4군데를 정해서 (사방을) 수직으로 세운다
중심을 2줄로 하고 중심에서 양옆으로 흐르는 물떼새무늬변형 어살엮기로 엮어나간다. 옆면도 중심 부분과 같은 방법으로 엮는다. 12cm를 엮으면 틀을 빼고 22cm까지 엮는다.

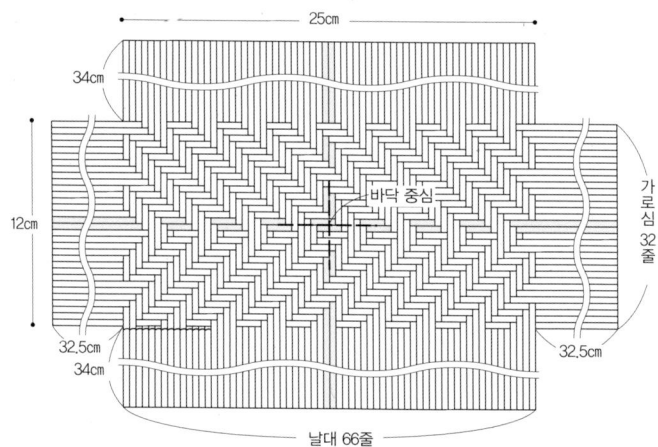

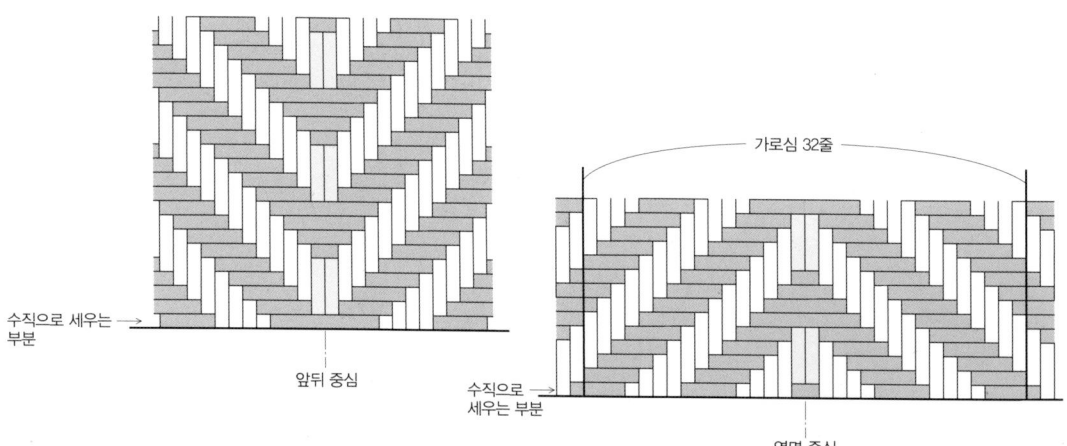

3 테두리를 처리한다
테두리의 안쪽과 바깥쪽에 평심을 대고 와이어로 임시 고정한다. 날대를 안쪽에 5cm 정도 꽂아 넣는다. 3줄 건너뜀 사선 교차줄무늬 휘갑치기로 마무리한다.

4 손잡이를 단다
검은 가죽을 길이 40cm로 잘라서 내추럴 색 피등으로 고정한다.

5 바구니 안쪽에 안감을 붙인다
가방 안쪽에 안감을 양쪽에서 넣어서 낚싯줄로 고정한다.

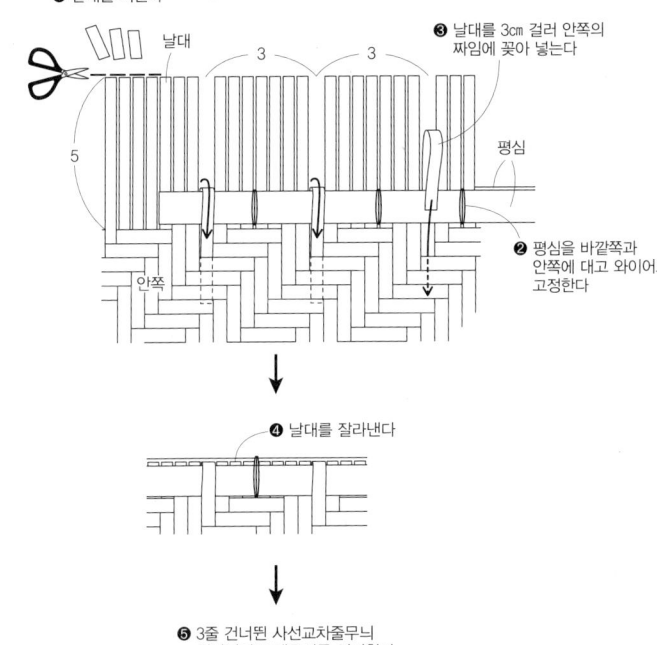

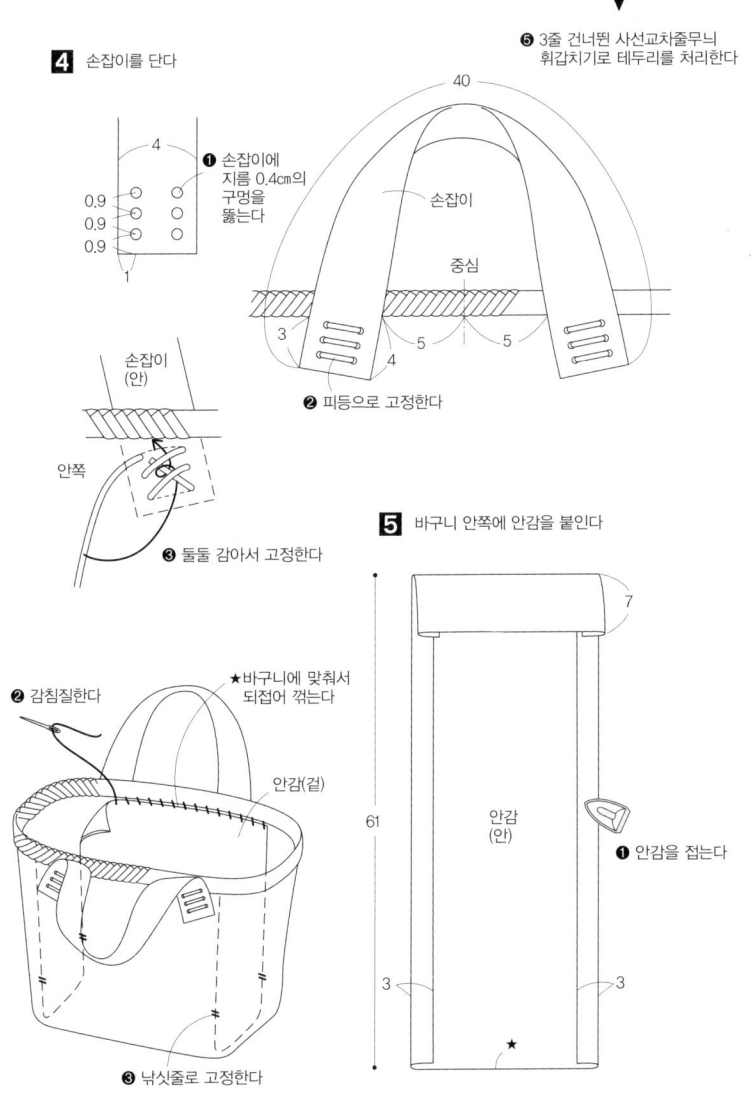

P. 107
소국무늬엮기로 만든 과자 바구니

[완성 치수] 입구 15cm×15cm×높이 4cm, 손잡이 포함 높이 14cm

[재료] 내추럴색 피등(평심, 굵기 2.5mm) 100g, 빨간색 피등(평심, 굵기 2mm) 30g, 분홍색 피등(평심, 굵기 2mm) 30g, 내추럴색 피등(평심, 굵기 5mm) 소량, 손잡이용 대나무 45cm, 육각형 패턴지

[만드는 방법]
1 육방엮기를 한다
내추럴색 피등을 사용해서 틀의 크기를 고려해 육방엮기로 바닥을 만든다.

2 소국무늬엮기를 한다
빨간색 피등 1m를 넣어서 소국무늬엮기를 한다.

1 육방엮기를 한다 (패턴과 접착테이프를 사용한다)

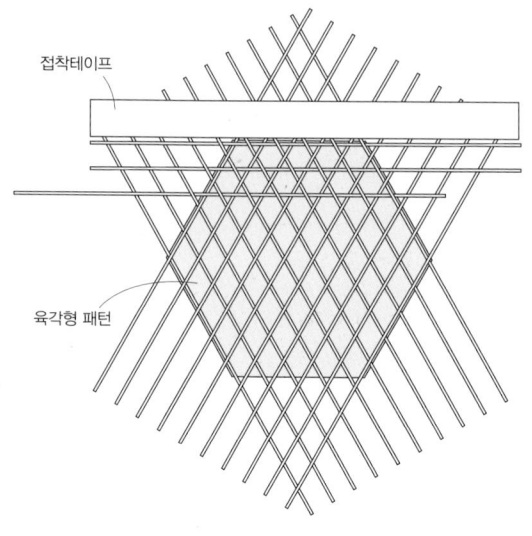

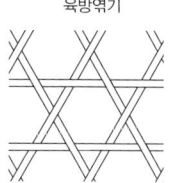

육방엮기

2 빨간색 피등을 넣어서 소국무늬엮기를 한다

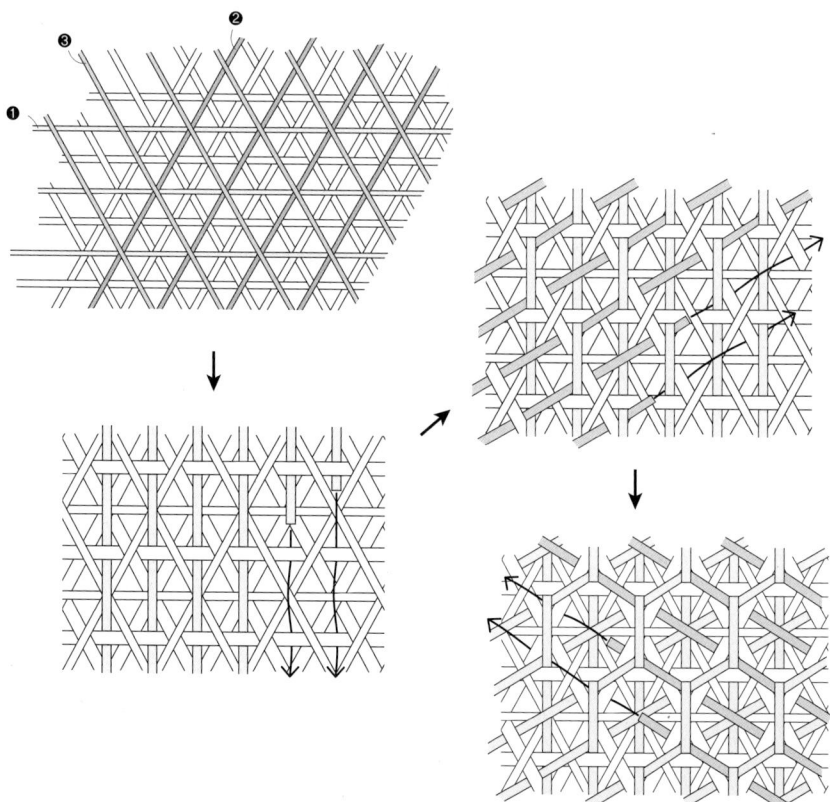

3 수직으로 세운다

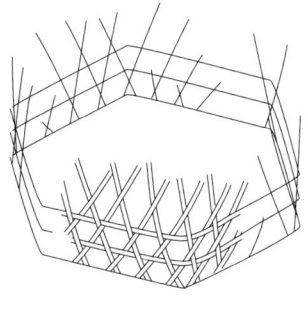

바닥은 육각형이 되도록 수직으로 세우고 육방엮기로 2단을 엮는다

3 수직으로 세운다
수직으로 세운다. 모서리를 조절해가며 새로운 내추럴색 피등을 추가해 다시 육방엮기를 한다. 다 엮으면 바닥 부분에서 쉬게 둔 빨간색 피등으로 다시 한번 소국무늬엮기 2줄을 만든다.

4 테두리를 처리한다
안쪽과 바깥쪽에 피등 5mm를 대서 가장자리를 사이에 끼우고 위에 2.5mm 피등 1줄을 대서 와이어 등으로 임시 고정한다. 피등 2mm로 감고 교차시켜서 테두리를 처리한다.

5 손잡이를 단다
대나무를 불에 구워 구부려서 손잡이를 만들고 바깥쪽에 대서 십자어살무늬 마무르기를 한다.

다시 소국무늬엮기를 한다

바깥쪽

4 테두리를 처리한다

❶ 폭 5mm짜리 피등을 바깥쪽과 안쪽에 대고 사릿대를 잘라낸다

❷ 폭 2.5mm짜리 피등을 위에 대고 와이어로 임시 고정한다

바깥쪽

5 손잡이를 단다

대나무

십자어살무늬 마무르기

❸ 폭 2mm짜리 피등을 감아서 고정한다

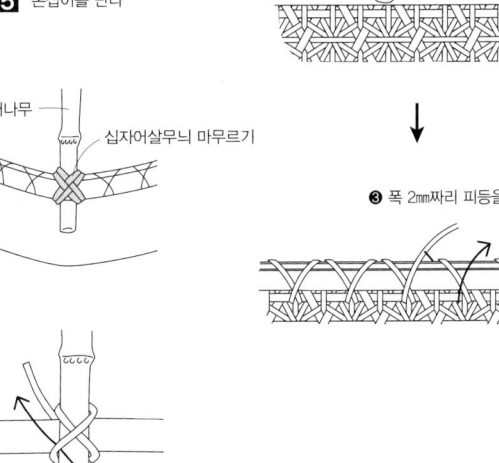

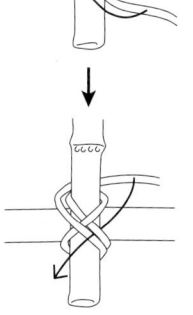

찾아보기

ㄱ

가로마름모무늬 어살엮기	62
가로아와지 짜기	123
가운데가 사각형인 타원바닥	189
가운데를 가른 타원바닥	186
갑옷무늬엮기	27
거북매듭	158
걸친애벌레 휘갑치기	170
격자무늬엮기	34
겹사각무늬 어살엮기	68
계단무늬 어살엮기	85
고동 짜기	127
교차고리 짜기	130
교차사방 짜기	137
구슬 짜기	134
구슬매듭	160
국화무늬엮기	112
귀갑꽃무늬엮기	116
꽃매듭	165
꽃무늬 어살엮기	94
꽃봉오리무늬엮기	104
꽃사슴털무늬 감기	145

ㄴ

나비 감기	144
나비 짜기	136
나선엮기	19

ㄷ

다슬기매듭	158
당나라엮기	20
덩굴을 걸친 무늬 짜기	137
도드라진 국화무늬엮기	110
도라지꽃무늬엮기	103
돌담무늬엮기	42
되돌려엮기A	32
되돌려엮기B	32
뒷면사각무늬 어살엮기	70
따라엮기	22
뚜렷한 마름모 감기A	146
뚜렷한 마름모 감기B	146
뚜렷한 비늘 감기	145
뚜렷한 줄무늬엮기	40

ㅁ

마름모 감기 1단	143
마름모무늬엮기	42
막엮기	16
막엮기 사각바닥	180
막엮기 타원바닥	182
만자 솟을무늬 어살엮기	80
모란꽃무늬엮기	108
무지엮기	46
문고 어살엮기A	72
문고 어살엮기B	73
물결무늬 어살엮기	84
물결엮기	39
물결줄무늬엮기	30
물떼새무늬 감기	147
물떼새무늬 어살엮기	60

ㅂ

바둑판무늬 감기	144
바둑판무늬엮기	44
반쯤 핀 벚꽃무늬엮기	105
배색교차칸무늬 어살엮기	92
배색작은사각무늬 어살엮기	66
뱀뱃살무늬 휘갑치기	171
번개무늬 어살엮기	57
변형비늘잎무늬엮기	114
변형작은사각무늬 어살엮기	69
본체에 X자로 교차해 휘갑치기	172
본체에 변칙X자로 교차해 휘갑치기	173
본체에 한쪽으로 비스듬히 휘갑치기	173
본체에 화살깃무늬 휘갑치기	172
부등호무늬 감기	144
비늘 짜기	132
비늘무늬 어살엮기	74
비늘잎무늬엮기	113
비단무늬엮기	34
비틀어 짜기	131

ㅅ

사각무늬 어살엮기	64
사방 짜기	189
사방메워짜기	43
사방엮기	43
사선교차줄무늬 휘갑치기	170
사선막엮기	18
삼각형매듭	158
삼잎무늬 어살엮기	56
삼잎무늬엮기	102
석가매듭	164
세 비늘 감기	151

세로마름모무늬 어살엮기	63
세로아와지 짜기	122
소쿠무늬엮기	106
솔잎무늬엮기	28
숫코매듭	158
심 감기	143
십자바닥	176
쌀미바닥	178
쌍울타리엮기	35

ㅇ

아와지 짜기	122
아치바닥	188
애벌레 감기 1단	143
어살무늬 바닥	189
어살을 엮기 위한 조록나무가지 감기	52
얼룩줄무늬 감기	142
연속교차고리 짜기	130
연속비늘 감기	151
연속아와지 짜기	123
연속작은사각무늬 어살엮기	67
옭매듭	157
우물정바닥	177
원형 어살엮기	93
육방엮기	98
의자의 8자 감아 마무르기	152
의자의 T자 마무르기	152
이랑엮기	22
이랑엮기 타원바닥	184
이리저리 어살엮기	76
이리저리엮기	45
이슬매듭	161

ㅈ

작은사각무늬매듭	159
잔물결엮기	39
잠자리매듭	163
접친매듭	156
정자매듭	157
조록나무가지 감기A	145
조록나무가지 감기B	145
조리개모양 어살엮기	82
종달새머리매듭	157
줄 넣어 감기 1단	142
짜임변형 어살엮기	75

ㅊ

층층이꽃무늬엮기	100
칠보매듭	162

ㅋ ㅌ

칸무늬 감기	144
테 짜기	128

ㅍ

파도무늬엮기	27
팔방 짜기	189
패랭이꽃무늬엮기	111
퍼지는 어살엮기	86

ㅎ

한매듭	157
한쪽사각무늬 어살엮기	88
한쪽으로 비스듬한 나뭇결무늬 감기	148
한쪽으로 비스듬한 나뭇결무늬엮기	29
한쪽으로 비스듬한 사선교차줄무늬 감기	146
한쪽으로 비스듬한 어살엮기	53
호랑나비매듭	161
화만매듭	163
화살깃무늬 감기	150
화살깃무늬 부분 감기	143
환심을 납작하게 해서 3줄짜기	124
환심을 납작하게 해서 4줄짜기	124
환심을 납작하게 해서 5줄짜기	125
회오리엮기	20

기타

2줄 건너뛰어 막엮기	19
2줄꼬아엮기	23
2줄막엮기	18
2줄 화살깃무늬엮기	23
3줄꼬아엮기	24
3줄울타리엮기	35
3줄 화살깃무늬엮기	24
4줄꼬아엮기	26
4줄 원형 짜기	126
4줄 화살깃무늬엮기	26
6줄로 3줄땋기	38
X무늬 감기	149
X자 감기	146
X자격자무늬엮기	34
X자엮기	28

KAGO AMI NO GIHO TAIZEN
Copyright © 2013, Reiko Sasaki.
Korean translation rights arranged with
Seibundo Shinkosha Publishing Co., Ltd., Tokyo
through Japan UNI Agency, Inc., Tokyo and
BC Agency, Seoul

이 책의 한국어판 저작권은 BC에이전시를 통해 저작권자와 독점 계약을 맺은 지금이책에 있습니다. 저작권법에 의해 한국 내에서 보호를 받는 저작물이므로 무단전재와 복제를 금합니다.

Staff
편집 / 쓰치다 유카
장정. 디자인 / NILSON(모치즈키 아키히데+사카이다 마나미)
촬영 / 이케미즈 가나에, 사사키 레이코(P. 52, PP. 98~99)
일러스트 / 안도 요시코, 고이케 유리호, 시카노루무
작품 제작 협력 / 곤도 아야코(P. 167 하단), 후지무라 스미코(P. 89), 가나자와 루리코(P. 115), 신가야 다에코, 기무라 다미코

취재 협력, 사진 제공
스칸디나비안 리빙
일본 도쿄 시나가와구 히가시고탄다 5-25-19 도쿄 디자인센터 6층
전화 : 81) 03-5789-2885

Cassina ixc. 아오야마 본점
일본 도쿄 미나토구 미나미아오야마 2-12-14
전화 : 81) 03-5474-9001

특질문화연구회
일본 아이치현 나고야시 쇼와구 야마자토초 18 난잔대학 제1연구동 201호실
전화 : 81) 052-832-3111 (내선 3131)

[사사키 레이코의 강좌]
노노하나 쓰카사 / 일본 도쿄 주오구 긴자 3-7-21
전화 : 81) 03-3535-6929
도큐 세미나 후타코타마가와 / 일본 도쿄 세타가야구 다마가와 2-21-1 후타코타마가와 라이즈 SC타운 프런트 8층
전화 : 81) 03-5797-5053

[바구니 재료를 구매할 수 있는 매장]
매장에 따라 없는 재료도 있으니 사전에 문의 바랍니다.
고니시 무역 / 일본 도쿄 다이토구 야나기바시 1-30-6
전화 : 81) 03-3862-3101
시미즈테이 / 일본 군마현 다카사키시 이시하라마치 2704
전화 : 81) 027-322-6599
노노하나 쓰카사 / 일본 도쿄 주오구 긴자 3-7-21
전화 : 81) 03-3535-6929

엮기·짜기·감기·휘갑치기·매듭 등 바구니 짜기 기법 159
라탄 공예 패턴 도감

초판 1쇄 인쇄   2023년 8월 20일
초판 1쇄 발행   2023년 8월 25일

지은이   사사키 레이코
옮긴이   김한나
감수   조인명

펴낸이   최정이
펴낸곳   지금이책
등록   제410-2015-000174호
주소   경기도 고양시 일산서구 킨텍스로 410
전화   070-8229-3755
팩스   0303-3130-3753
이메일   now_book@naver.com
블로그   blog.naver.com/now_book
인스타그램   nowbooks_pub

ISBN   979-11-88554-69-0 (13630)

* 이 책은 저작권법에 따라 보호를 받는 저작물이므로 무단전재와 무단복제를 금지하며, 이 책 내용의 전부 또는 일부를 이용하려면 반드시 저작권자와 지금이책의 서면 동의를 받아야 합니다.
* 잘못되거나 파손된 책은 구입하신 서점에서 교환해드립니다.
* 책값은 뒤표지에 있습니다.